Markus Fellinger
Hilfreich helfen

MARKUS FELLINGER

Hilfreich helfen

SOZIALES ENGAGEMENT VERANTWORTUNGSVOLL GESTALTEN

TYROLIA-VERLAG • INNSBRUCK-WIEN

„Die geöffnete Hand steht für die Frage ,Was willst du?'
und lässt sich beim Helfen führen. Ein Prinzip, das ich
aus meiner Arbeit mit taub-blinden Menschen kenne."
*Johannes Fellinger, Bruder des Autors, illustrierte den
Umschlag des Buches. Er ist Primararzt am Krankenhaus
der Barmherzigen Brüder in Linz und Künstler.*

Nachhaltige Produktion ist uns ein Anliegen; wir möchten die Belastung
unserer Mitwelt so gering wie möglich halten. Über unsere Druckereien
garantieren wir ein hohes Maß an Umweltverträglichkeit: Wir lassen
ausschließlich auf FSC®-Papieren aus verantwortungsvollen Quellen
drucken und verwenden Farben auf Pflanzenölbasis. Wir produzieren
in Österreich und im nahen europäischen Ausland, auf Produktionen in
Fernost verzichten wir ganz.

Mitglied der Verlagsgruppe „engagement"

Inhaltsverzeichnis

Vorwort von Bischof Michael Chalupka

Wer ist mein Nächster? Der Begriff der Nächstenliebe verführt zu Spekulationen, wie nahe einem der, den es zu lieben gilt, denn sein soll. Dass das Nahe mehr geliebt wird als das Ferne, entspricht der Alltagserfahrung, wenn sich in der Liebe der Mutter zum Kind oder jener zwischen Mann und Frau Liebe und Nähe vereinen. Aber Jesus fragt seine Zuhörer im Gleichnis vom „barmherzigen Samariter": Wer war dem Überfallenen der Nächste? Wenn Jesus den als vorbildlich darstellt, der einem fremden Überfallenen spontane Hilfe zukommen lässt, während dies ein Priester und ein Einheimischer verabsäumen, dann bekommt „Nächstenliebe" einen viel weiteren Horizont. Die Frage ist nicht, wer ist uns nah, sondern sind wir bereit, selbst zum Nächsten zu werden? Wer war dem verletzten Menschen im Straßengraben der Nächste? Nächstenliebe ist keine Abstandsmessung, sondern eine Aufgabe, der sich Christinnen und Christen täglich aufs Neue stellen. Wir können uns die Nächsten nicht aussuchen. Weil sie uns aussuchen. Weil wir selbst die Nächsten werden können im Ernstfall. Nächstenliebe ist keine Abstandsmessung, sondern eine Standortbestimmung.

Jesus sitzt im Tempel gegenüber dem Gotteskasten und schaut den Menschen zu, wie sie ihre Gaben hineinlegen. Erst Reiche, dann eine arme Witwe. Sie legt die sprichwörtlich gewordenen zwei Scherflein in den Kasten. So viel sie eben geben kann. Jesus kommentiert das mit den Worten: „Diese arme Witwe hat mehr als sie alle eingelegt." Jede und jeder hat etwas zu geben. Das Geben ist in den jungen christlichen Gemeinden nicht mehr den Königen und Beamten vorbehalten, die durch Wohltätigkeit ihre Macht zeigen. Etwas zu geben zu haben, gehört zur Würde des Menschen. „Gott beschenkt uns, damit wir im Rahmen unserer Möglichkeiten selber Schenkende werden können", so formuliert der evangelische Theologe Miroslav Volf eine zentrale christliche Lebenshaltung. Alle gaben von dem, was sie hatten – die Reichen mehr, die Ärmeren weniger. Aber alle gaben etwas. Der Wert des Gebens, der sonst nur den Vermögenden vorbehalten war, wurde zu einem verbindenden Wert aller. Und auch Solidarität und Nächstenliebe, die unter den Armen lebendig waren, wurden zu Werten aller, der Habenichtse und der Wohlhabenden. So kam es zu einem Ausgleich. So helfen wir einander.

Michael Chalupka
Bischof der evangelischen Kirche A.B. in Österreich

Persönlicher Zugang

Bereits der Titel meines Buches „Hilfreich helfen" suggeriert, dass Helfen an sich nicht unproblematisch ist. Wahrscheinlich haben wir alle schon Erfahrungen gemacht mit einer gut gemeinten Hilfe, die so ganz und gar nicht hilfreich war. Helfen ist eine sehr besondere Form von Beziehung, in der viele Komponenten zusammenspielen. Im vorliegenden Buch möchte ich einige Facetten der helfenden Beziehung aufzeigen. Viele Aspekte der Hilfeleistung und der Hilfe im Allgemeinen bleiben dabei unberücksichtigt. Mir geht es um die Dynamik in dieser Beziehung, wenngleich andere Aspekte (diakonische, soziologische, politische etc.) naturgemäß mit hereinspielen.

Persönlich bin ich auf mindestens vier Ebenen vom Thema so betroffen, sodass es mir zum Bedürfnis wurde, es einer eingehenden Reflexion zu unterziehen:

Erstens bin ich von Kindesbeinen an damit befasst, da in meiner Herkunftsfamilie durch die Gehörlosigkeit meines Vaters und durch eine sehr ausgeprägte Tradition der Hilfsbereitschaft auf der Seite meiner mütterlichen Vorfahren das Thema stets im Raum stand.

Zweitens habe ich selbst helfende Berufe gewählt. Mein erstes Studium war Sozialarbeit. Über diese bin ich dann zur Theologie und in den Pfarrberuf gekommen, durchaus auch davon motiviert, hier eine Schnittstelle von verschiedenen Ebenen der Hilfe vorzufinden, von der seelsorgerlichen über die soziale bis hin zur politischen. Ich habe diesen Beruf immer gerne ausgeübt. Er hat mir die Erfüllung gebracht, die ich mir erhoffte, auch weil „helfen" für mich

Sinn stiftend ist und so wesentlich zum Glück beiträgt – so wie ich es verstehe. Seit nunmehr fast zehn Jahren bin ich als evangelischer Pfarrer für die Seelsorge in sieben sehr unterschiedlichen Justizanstalten in Niederösterreich zuständig und bin als solcher täglich in sehr vielschichtigen, sicher aber auch helfenden Beziehungen und dies in einem sehr speziellen Kontext. Ich bin selbst ein Helfer mit all den Facetten (und noch vielen mehr), die im Folgenden beleuchtet werden. Die intensive Beschäftigung mit dem Thema und das Formulieren dessen, was meine Erfahrung so wesentlich prägt, haben mir in meinem Selbstverständnis geholfen und den Blick geschärft.

Drittens beschäftigt mich eine Beobachtung aus meiner Seelsorge-Praxis in den Haftanstalten besonders: Wider Erwarten begegnen mir überdurchschnittlich viele Insassen und Insassinnen, die in irgendeiner Weise glaubhaft „nur helfen" wollten. Sie sagen etwa: „Ich wollte ihn ja nicht im Stich lassen …", „Er tat mir so leid." und Ähnliches. Sie beschreiben sich selbst als „Helfer". So z. B. die sogenannten „Driver" während der großen Flüchtlingsbewegung 2015, die sich – auch angesichts der Flüchtlingsnot – bereit erklärten, für einen gewissen Betrag als Chauffeur über die Grenze zu dienen, während diejenigen, die das Geld abkassiert haben, in sicheren Gefilden blieben. Ich vermute, es sind mindestens so viele „Helfer" inhaftiert wie Menschen mit einer starken kriminellen Energie. Immer wieder höre ich einander ähnelnde Beschreibungen von helfenden Lebensstilen: Man habe sich ja immer um alle gekümmert und so weiter. Auch finde ich dieses „helfende" Verhalten mit seinen positiven und problematischen Schattierungen in der Lebensgemeinschaft der Inhaftierten wieder. Es reicht von tiefer Solidarität bis zu einem ausbeuterischen Gehabe und Abhängigkeitsverhältnissen. „Helfen" ist eines der gängigsten Themen im Zusammenleben in Gefängnissen.

Viertens bin ich als Supervisor, Trainer und Berater im Non-Profit-Bereich tätig, also in Kontexten wie Krankenhaus, Obdachlosenarbeit, Hospiz, Notfall- und Telefonseelsorge und in der Ausbildung im Beratungsumfeld. In dieser Rolle gilt es, in erster Linie Beziehungs- und Kommunikationsstrukturen schnell und präzise zu erkennen und zur Sprache zu bringen. Naturgemäß ist hier die helfende Beziehung das Leitthema, gerade im Bereich der Seelsorge, in der das Tun und die Aktion sehr oft völlig zurückgenommen werden müssen und das Helfen im radikalen Verzicht auf eine Handlung, also im Mit-Aushalten und schweigenden Begleiten besteht. Helfen ist gerade hier ganz auf eine Beziehungsebene reduziert. In diesen Fällen des Helfens wird etwas deutlich, das allen anderen helfenden Beziehungen, die mehr äußere Handlungen beinhalten, zugrunde liegt: Es geht um eine Haltung, ein achtsames Da-Sein.

Ich habe das Thema in mehreren Vorträgen, Workshops und Studientagen im Bereich von Diakonie und Caritas bzw. Ausbildung und Kirche auch vor dem Hintergrund ehrenamtlicher Arbeit eingebracht und vor allem das letzte Kapitel „Zehn Kriterien für hilfreiches Helfen" vor diesem Hintergrund entwickelt.

Das vorliegende Buch hat drei Hauptteile: Nach einer anthropologischen Betrachtung wird nach einem Vor-Bild des Helfens gefragt, das ich im Gleichnis des „barmherzigen Samariters" finde. Schließlich folgen Kriterien, die dazu beitragen sollen, in der Praxis in verschiedenen Kontexten den Blick zu schärfen.

Dass ich meinen Text nicht in durchgehend inklusiver Form formuliert habe, bitte ich mir nachzusehen. Es spiegelt nicht mein grundsätzliches Anliegen für inklusive Sprache wider, sondern ist schlicht der Schreib- und Lesbarkeit geschuldet. Ich bitte, das jeweils andere Geschlecht mitzudenken.

Was versteht man unter dem Begriff „helfen"?

„Helfen" ist grammatikalisch ein Verb, ein Tätigkeitswort. Ich vermute, dass die meisten spontanen Assoziationen zum Verb „helfen" auf eine Tätigkeit zielen und einen Helfenden und einen, dem geholfen wird, im Blick haben. Es ist also ein Beziehungsgefüge zwischen einer aktiven und einer passiven Person. Der deutsche Duden stellt allerdings eine zweite Bedeutung daneben, die eher von beschreibender Natur ist, wie etwa „es hilft".

Bedeutungen von „helfen": [1]

1. jemandem durch tatkräftiges Eingreifen, durch Handreichungen oder körperliche Hilfestellung, durch irgendwelche Mittel oder den Einsatz seiner Persönlichkeit ermöglichen, [schneller und leichter] ein bestimmtes Ziel zu erreichen; jemandem bei etwas behilflich sein, Hilfe leisten

2. im Hinblick auf die Erreichung eines angestrebten Zieles förderlich sein, die Durchführung einer bestimmten Absicht o. Ä. erleichtern; nützen

Im Titel dieses Buches „Hilfreich helfen" stecken beide Bedeutungen: zum einen das Beziehungsgefüge „helfen", zum anderen wird angedeutet, dass dieses Verhältnis zwischen Geben und Nehmen sich nicht einfach selbst reguliert. Ob „es hilft", im Sinne von „einem Ziel förderlich sein", hängt von vielen Faktoren ab und muss erst evaluiert werden – und zwar vonseiten der Person, die Hilfe empfangen hat. Sie allein kann es, im Sinne eines Feedbacks, beurteilen, weil sie auch das Ziel des Helfens war und ist.

Schon bei der ersten Annäherung an die Begrifflichkeit kommt ein Unbehagen auf, spiegelt sich doch sofort ein Gefälle innerhalb dieser Beziehung wider. Da ist das helfende Subjekt in seiner Freiheit und dort das empfangende Objekt in seiner Abhängigkeit. Allein diese Spannung lässt ahnen, wie vulnerabel diese Beziehung ist und wie sehr es einer inneren Haltung und eines reflektierten Bewusstseins bedarf, die äußere Unausgewogenheit der Abhängigkeiten auszugleichen. In seiner bemerkenswerten Schrift „Partnerschaftliches Helfen" plädiert Ulrich Bach für eine anzustrebende Zielvorstellung, „das ‚für' durch ein ‚mit' zu ersetzen, das heißt: wir bezeichnen es nicht als unser Ziel, für den anderen zu sorgen, sondern mit ihm zu leben"[2]. In meiner Arbeit als Gefängnisseelsorger erlebe ich es immer wieder, dass dieses Miteinander einer aufrichtigen und wertschätzenden Begegnung das eigentlich Hilfreiche ist. Geben und Nehmen fließen oft ineinander. Wie dies im folgenden Gedicht zum Ausdruck kommt:

Seelsorgebesuch bei Mustafa (im Gefängnis)
ich bin müde
ich besuche mustafa
    draußen knallt eine eisentür,
stimmengewirr
ein beamtenschlüssel klirrt
wir sitzen vor dem aquarium
schweigen mit den fischen
es ist still
    draußen wird debattiert
    telefoniert
    es ist still

ich hole atem im schweigen der fische
im schweigen mit mustafa
wir holen atem

es ist gut

Helfen ist bei Weitem mehr als äußeres Handeln, es ist auch Arbeit mit und in sich selbst. Das gilt sowohl für den Helfenden als auch für den, der Hilfe empfängt. Gleichzeitig ist das „Helfen" aber im Menschen als Beziehungswesen angelegt, wie es Joachim Bauer im Kontrast zur Darwin'schen Durchsetzungstheorie eindrucksvoll aufgezeigt hat.[3] Demnach zielen die neurobiologischen Motivationssysteme auf Beziehung ab: „Nichts aktiviert die Motivationssysteme so sehr, wie vom anderen gesehen zu werden, die Aussicht auf soziale Anerkennung, das Erleben von positiver Zuwendung und – erst recht – die Erfahrung von Liebe."[4] Das heißt, die Motivation zum Helfen liegt nicht in einem äußeren Imperativ, nicht in Ethik und Moral, Anstand und Sitte begründet, sondern ist geradezu als Veranlagung dem Menschen innewohnend. So kommen Heinz Rüegger und Christoph Sigrist in ihrem Buch „Helfendes Handeln im Spannungsfeld theologischer Begründungsansätze" unter anderem zu dem Fazit: „Helfendes Handeln ist keine christliche Spezialität, sondern ein allgemeinmenschliches Phänomen. (...) Menschen ist (naturwissenschaftlich gesehen) von ihrer evolutionsbiologischen Entwicklung oder (theologisch gesprochen) von der Schöpfung her eine Disposition zu sozialem Verhalten und zu Empathie eigen."[5] Sie ist weder gut noch schlecht, sondern in sich ambivalent: Sie birgt gleichzeitig ein – von Spiegelneuronen[6] bewirktes – Mitgefühl sowie auch ein Bedürfnis nach Anerkennung, unter Umständen ein nicht gerade uneigennütziges Machtbedürfnis. Umso deutlicher obliegt es der Reflexion, den Impuls zu helfen so zu qualifizieren, dass er „hilfreich", also dem Ziel nützlich und dem Gegenüber gerecht wird. Dieser Aufgabe möchte sich das vorliegende Buch stellen.

Zu helfen ist zutiefst menschlich und steht damit auch dem umfassenden Helfen Gottes gegenüber. Dies gilt es vor dem Hintergrund biblischen Sprachgebrauchs insofern zu betonen, als das griechische Wort *sozein* (das auch das hebräische *jaschá* wiedergibt) in der Lutherbibel in der Regel mit „helfen" übersetzt wird, im Wesentlichen aber „retten" meint und somit in der Hand Gottes liegt. „Die enge Beziehung von ‚helfen' und ‚retten' weist auf etwas für den Glaubenden Grundlegendes: Alles Helfen-Können gründet in der vorausgehenden rettenden Hilfe Gottes. Weil mir und sofern mir geholfen ist, kann ich helfen."[7] Vor diesem Hintergrund bleibt menschliches Helfen eben menschlich auch im Sinne von „begrenzt". Der Mensch ist nicht zuständig für die allumfassende Hilfe des Heilwerdens. Sein Helfen bleibt in einem begrenzten Rahmen. Zum einen sind die Möglichkeiten des Menschen begrenzt, zum anderen sind auch die Helfenden selbst bedürftig und angewiesen. So wird auch die eingeschränkte Hilfe des Menschen durchlässig für eine umfassende Hilfe über den menschlichen Horizont hinaus. Der französische Chirurg Paré (gest. 1590) bringt es auf den Punkt: „Der Arzt behandelt, Gott heilt."[8]

Kapitel I – Der helfende Mensch

Das Angewiesensein des Menschen

Kaum ein Lebewesen kommt so unfertig auf die Welt wie der Mensch. Ein Säugling ist nicht nur auf Nahrungszufuhr angewiesen, sondern auch auf umfassenden Schutz und Zuwendung. Bis zur selbstständigen Überlebensfähigkeit eines Menschen braucht es eine lange Zeit. Allein bis alle physischen Voraussetzungen für das Überleben ausgebildet sind, vergehen Jahre. Wer in der ersten Zeit seines Lebens keine positive Bindungserfahrung gemacht und wenig Zuwendung erhalten hat, wird ein Leben lang davon geprägt sein. Seiner Umwelt ausgeliefert lernt das Kind von dem, was es wahrnimmt und was ihm widerfährt. Lernt es Sicherheit, Zuverlässigkeit, Wärme und Liebe, wird es psychisch „gut genährt" und selbst bindungs- und beziehungsfähig werden. Das Kind ist vollständig abhängig davon, was es bekommt.

Dieses vollkommene Angewiesensein des Menschen ist nicht sein Mangel, sondern gehört meines Erachtens zu seiner Würde, denn es ist ein unverwechselbares Wesensmerkmal. Das ganze menschliche Leben ist darauf ausgerichtet und erfährt unter anderem genau in diesem Angewiesensein eine Bestimmung. So auch Ulrich Körtner: „Hilfsbedürftigkeit widerspricht nicht der Würde des Menschen – theologisch gesprochen: seiner Gottebenbildlichkeit – sondern gehört zum Wesen des Menschseins, weil es zu seiner Endlichkeit gehört."[9] Dies gilt nicht nur für den Beginn des menschlichen Lebens, sondern in ähnlicher Weise auch für dessen Ende. Der alte Mensch wird mit aller Wahrscheinlichkeit im Ausmaß seiner zunehmenden Gebrechlichkeit wieder auf fremde Unterstützung und Hilfe angewiesen sein, um sein Überleben zu sichern. Diese sich steigernde Hilfsbedürftigkeit wird sehr oft als Verlust erfahren und als Mangel an Gesundheit, Beweglichkeit und Orientierung, als Einschränkung. Je älter die Menschen werden, desto länger kann die Lebensphase der besonderen Hilfsbedürftigkeit dauern. In einer Zeit, in der Freiheit, Selbstbestimmtheit und Gesundheit als besondere Werte vermittelt werden, kann der Mangel gerade an den – diesen Werten entsprechenden – Fähigkeiten auch als beschämend und erniedrigend erfahren werden.

Umso deutlicher ist entgegenzuhalten: So sehr die grundsätzliche Hilfsbedürftigkeit zur Würde des heranwachsenden Menschen zählt, so sehr darf sie auch am Ende seines Lebens nicht nur als Mangel, sondern auch als seine Würde verstanden werden. Dies gilt es zu betonen, da die Idee, dass Hilfsbedürftigkeit zur menschlichen Würde zählt, dem subjektiven Empfinden kaum entspricht. Auch wirkt diese Sichtweise einer konsumorientierten Propaganda entgegen, die uns ständig mit der Darstellung unversehrten Lebens als Lebenserfüllung konfrontiert. Es wird indirekt suggeriert, dass ein Leben, in dem Maß, in dem es auf Hilfe angewiesen ist, an Wert verliert. Die Werte der Selbstständigkeit, Mündigkeit und das Verständnis von Freiheit als Gestaltungsmöglichkeit des Lebens, die seit der Aufklärung mit gutem Recht unser Dasein bestimmen und in die

Pflicht nehmen, werden mit zunehmender Gebrechlichkeit unerfüllt bleiben. Eingeschränkt zu sein, geht vor diesem Hintergrund sehr leicht mit einem subjektiven Gefühl von Versagen einher. Gegen dieses beschämende Erleben ist es mir ein Anliegen, die Angewiesenheit des Menschen am Ende des Lebens als seine Würde zu postulieren. Angewiesenheit und Würde gehören zusammen, zählen sie doch beide ganz zur „Geschöpflichkeit" des Menschen. Dies hat weitreichende Konsequenzen nicht nur in der psychologischen und seelsorgerlichen Begleitung von Menschen, sondern auch und ganz besonders in den entsprechenden Bereichen der Sozialethik und der Sozialpolitik.

Vor diesem Hintergrund ist auch das vierte Gebot des Dekalogs[10] zu verstehen, in dem aufgefordert wird, „Vater und Mutter zu ehren". Obwohl es zunächst um die Versorgung geht, könnte „ehren" auch verstanden werden als „sich der gegebenen Würde von Vater und Mutter gegenüber zu verhalten". Es zielt weit über die reine materielle Versorgung hinaus, die man ja auch anders zum Ausdruck hätte bringen können. Das hebräische Wort *kabad* bedeutet „groß machen", „Gewicht geben" und schließt die Übersetzungsmöglichkeit „ehren" beziehungsweise „würdigen" oder „Würde geben" mit ein.

Das Alter hat in unseren Breiten seine immanente Würde weitgehend verloren. Auch ein alter Mensch hat nicht mehr an sich, also allein aufgrund seines Alters, eine spezifische Würde, sondern muss sich erst als würdig erweisen. Das war früher und ist in vielen Kulturen anders. Man mag das verschieden bewerten. Eines aber ist klar: Mit dem Verlust der Würdigung des Alters wird die Jugendlichkeit umso mehr idealisiert und geehrt. Mit ihr verbindet man vor allem Schnelligkeit, Dynamik und praktische Fertigkeit. Es erinnert an ein Lied, das Helmut Qualtinger in den 1970er-Jahren – in der Blüte der Moderne – gesungen hat: „Der Halbwilde". Da heißt es unter anderem: „I fohr jetzt jeda Limosin vor, schließlich liebt da Mensch von heit den Sport. I hab zwor ka Auhnung, wo i hinfohr, dafür bin i gschwinder dort."[11] Die Methode siegt über den zu vermittelnden Inhalt, Rhetorik wird zur geschliffenen Sprechfertigkeit, die manche Aussage eher verschleiert als klarlegt oder auch ohne Aussage ist.

Durch die rasante technische Entwicklung in fast allen Lebensbereichen kommen ältere Menschen oft „nicht mehr mit". Während Kinder und Jugendliche etwa die digitale Kommunikation wie eine Muttersprache erlernen, bleibt diese eine schwer aussprechbare Fremdsprache für die ältere Generation. Sie fällt somit ein Stück weit aus der neuen Sprachgemeinschaft heraus, was die Kluft zwischen den Generationen noch weiter aufreißt: Die Lebenserfahrung und -weisheit der Älteren kann von den Jüngeren nicht mehr als solche rezipiert werden. Tradition mutiert immer mehr zu Nostalgie und dient nicht mehr dem existenziellen und kulturellen Überleben. Dabei geht nicht nur viel Wertvolles verloren, sondern Essenzielles des Menschseins. Einer Illusion des Machbaren und Funktionalen wird Vorschub geleistet, was letztlich bei genauerem Hinsehen einem System und den Werten einer leistungsorientierten Gesellschaft dient. Der Mensch an sich genügt nicht mehr, sondern wird an seiner Nützlichkeit für ein anderes Wertesystem gemessen. Humanismus und christliche Ethik müssen sich gerade vor diesem Hintergrund immer stärker nicht nur für die Qualität der Pflege und Altersfürsorge einsetzen, sondern auch für eine grundlegende Sichtweise einer Anthropologie, die das Wesen des Menschen auch aus der Perspektive des nicht (mehr) leistungsfähigen Menschen betrachtet.

An der gegenwärtigen Debatte um Beihilfe zu Suizid und Sterbehilfe ist, meiner Einschätzung nach, die enge Verbindung zwischen Selbstbestimmtheit und Würde des Menschen besonders problematisch. So sehr die Selbstbestimmtheit auch erhalten werden muss, soweit es irgendwie möglich ist, darf sich die Würde des Menschen nicht an sie binden. Auch ein Mensch im Koma oder mit eingeschränktem Bewusstsein hat die gleiche Würde wie ein aktiver Universitätsprofessor. Die Würde des Menschen liegt allein in seinem Dasein in der Welt und hat keine Bedingung und keine Kausalität. Gerade in dieser Debatte tritt die Radikalität einer solchen Sicht zutage.

So sehr Hilfsbedürftigkeit und Angewiesensein an den Lebensrändern evident sind, so sehr bestimmen sie auch das wesentlich unabhängigere Erwachsenenleben. Die Werte von Autonomie und Selbstständigkeit, die seit der Aufklärung maßgebend geworden sind, gilt es festzuhalten und anzustreben. Gerade für Adoleszente gilt es als ein Merkmal psychischer Gesundheit und Reifung, sich vom Elternhaus abzulösen, die eigenen Kräfte zu mobilisieren und das Leben in Eigenverantwortung in die Hand zu nehmen. Freiheit wird dann sehr oft als ein Zustand größtmöglicher Unabhängigkeit und Autonomie verstanden. Angewiesensein und Hilflosigkeit werden als der Freiheit entgegengerichtet wahrgenommen. Das ist vordergründig nachvollziehbar und wird üblicherweise auch so empfunden. Es stimmt nur objektiv nicht. Denn menschliches Leben, selbst in der Blütephase aller Kräfte, bleibt grundsätzlich auf andere und auf ein generelles Aufeinander-bezogen-Sein verwiesen. Macht sich der Mensch dies nicht immer wieder bewusst, läuft er Gefahr, von einer Hybris bestimmt zu werden, die nicht nur ständig in Anspruch genommene Hilfeleistung nicht wahrnimmt, sondern auch „niedere" Dienste verachtet. Freiheit ist vor diesem Hintergrund nicht in erster Linie als Frei-sein von Angewiesenheit zu verstehen, sondern als das verantwortliche Umgehen damit, dass Menschen aufeinander angewiesen sind. Das bedeutet nicht nur, zur eigenen Hilfs-bedürftigkeit zu stehen, sondern auch sie nicht als subtiles Machtmittel oder als Mittel zu einem anderen Zweck zu missbrauchen. Wie noch weiter ausgeführt wird, kann Hilf-losigkeit äußerst manipulativ eingesetzt werden und damit auch zu Machtmissbrauch führen. Es gilt, die Würde der Autonomie um die Würde grundsätzlichen Angewiesen-seins zu ergänzen und zusammen zu sehen. Sie sind beide unzertrennlich zur Würde des Menschen zu zählen.

Henning Luther warnt auch vor dem „Mythos der Voll-kommenheit": „Der Mythos sagt, dass wir eigentlich ganz und vollkommen sind. Unser ursprünglicher Naturzustand, zu dem wir zurückkehren wollen, ist der der Ganzheit und Vollkommenheit."[12] Er postuliert demgegenüber, das Leben wesentlich als Fragment zu verstehen: „Daß unsere jeweils erreichte Ich-Identität fragmentarisch bleiben muß, ergibt sich daraus, daß wir immer auf andere angewiesen sind. Das Ideal der scheinbar autarken, in sich selbst ruhenden und selbstgenügsamen Persönlichkeit leugnet mit der Frag-mentarität gerade dieses Angewiesen-Sein und Verwiesen-Sein auf Andere".[13]

Mit dem Stichwort „Fragmentarität" wird noch eine wichtige ergänzende Sichtweise auf die Endlichkeit und das Angewiesensein des Menschen in einem zweifachen Aspekt geöffnet.

Zum einen wird auf das Unperfekte, nie ganz Vollkommene des Menschen verwiesen. Dies widerstrebt nicht nur einem perfektionistischen Persönlichkeitstyp und einer Kultur der Perfektion, sondern auch einer Grundsehnsucht, die dem Menschen innewohnt: ganz zu sein, ohne Mangel und Fehler. Eine sehr ausgeprägte Fehlerkultur, die unter anderem bereits in der Schule manifest wird, wenn mit rotem Stift die Fehler angestrichen werden, suggeriert die Möglichkeit und das Ziel, perfekt sein zu können. Dabei werden die Normen, an denen die Makellosigkeit festgemacht wird, nicht immer offen klargelegt. Es entsteht das Bedürfnis, alles richtig zu machen, sich ganz zu entfalten, nichts zu versäumen. Dieses Streben nach Ganzheit kann motivieren, vor allem dann, wenn klar ist, was dieses Ganz-Sein bedeuten könnte. Es kann aber zu einem Zwang oder Ideal werden, hinter dem man gedemütigt zurückbleibt. Eine „Ganzheit" anzunehmen, die nicht das Individuum erst durch perfektes Verhalten und Vermeiden von Falschem erreichen muss, sondern die vorgegeben und geschenkt ist und das Fragmentarische in sich aufnimmt und in das Ganze verwandelt, befreit zu einem inneren Entspannt-Sein. Dazu ein Gedicht, das in einer meditativen Stunde im Ausläufer des Böhmerwalds entstanden ist:

bilanz

ich sitze
im wald meiner
verpassten möglichkeiten
nie gelebter träume
unentwickelter begabungen
bereuter entscheidungen

die bäume stehen still
rund um mein moosbett
der bach murmelt unentwegt
der vogel pfeift mir was
die luft ist rein
ich schlafe

Zum anderen erinnert das Stichwort „Fragmentarität" an
die Tatsache – die gerade in der systemischen Sichtweise
des Menschen stark hervorgehoben wird –, dass das Individuum immer kontextuell zu betrachten ist. Es steht nie für
sich allein, sondern ist immer Teil eines größeren Systems.
Aktionen des Einzelnen sind immer auch Reaktionen auf
das Kollektive, das System, in dem es eingebettet ist. Vor
diesem Hintergrund ist das Angewiesensein als das Fragmentarische des Menschen auch wesentlicher Ausdruck
dafür, dass es zu seinem Wesen gehört, eingebettet zu sein
in ein Kollektiv, in ein Größeres. Die Angewiesenheit des
Menschen gleicht der Schönheit eines Mosaikstückes, das
seinen kleinen Teil zu einem Gesamtkunstwerk beiträgt,
und spiegelt nicht den Mangel wider, nicht das gesamte
Bild zu sein. Das eine begründet das andere.

In der messianischen Gestalt, die die Christenheit in
Jesus wiederfindet, kommt dieses Ineinander von Hilfsbe-

dürftigkeit und Helfen besonders eindrucksvoll in dem bis ins Liedgut eingegangenen Bild des Propheten Sacharja zum Ausdruck: „Dein König kommt zu dir, gerecht und heilvoll ist er, arm und auf einem Esel reitend, auf einem Hengst, einem Eselinnenjungen." (Sach 9,9b)[14] Das hebräische Wort *noschá* („heilvoll") drückt in erster Linie Hilfsbedürftigkeit aus und nicht das aktive Helfen.[15] Es ist offensichtlich, dass dieses Bild eines „schwachen" Messias von Anfang an so anstößig war, dass gerade dieses Wort eine Umdeutung erfuhr, obgleich die Armut explizit und die Gewaltlosigkeit implizit im Bild des Eselfüllens angesprochen ist. In Jesus kommt uns gerade ein angewiesener und verletzlicher Messias entgegen. In ihm protestierte Gott „gegen unser gängiges Denken, das den Menschen von seinem Können und seiner Stärke her betrachtet. Jesus, der Retter der Welt, geriet in Not. Er hatte es nötig, selber nach Ägypten, ins Asyl, gerettet zu werden. So läßt er uns erkennen, daß zu unserem eigenen Leben auch Schwäche und Hilfsbedürftigkeit hinzugehören."[16] So sendet Jesus auch seine Jünger „wie Lämmer mitten unter die Wölfe" (Lk 10,3), nicht um eindrucksvoll zu helfen oder zu bekehren, sondern um als Gäste – als solche sind sie auf Gastfreundschaft angewiesen – dort zu bleiben, wo sie Aufnahme finden (vgl. Lk 10,3ff). Dass nicht dieser Text aus Lukas 10 sondern jener aus Matthäus 28, der herkömmlich übersetzt wird mit „Darum gehet hin und machet zu Jüngern alle Völker" (Mt 28,19), jener ist, der christliche Mission begründete, zählt wohl zu den fatalen Wirkungsgeschichten biblischer Passagen. Das „zu Jüngern machen" wurde weitgehend zur Legitimation gewaltsamer Christianisierung missbraucht und hat bis heute einen Beigeschmack von Manipulation.

Wie anders ist doch das Missionsverständnis im Sinne dieser Geschichte der Aussendung der Jünger als Gäste unterwegs zu sein, angewiesen und arm, mehr bittend als verkündigend, aber vor allem als Menschen, die teilhaben am Leben der anderen, die es zulassen, dass man ihnen gibt, die fähig sind zu nehmen? Dies entspricht bei Weitem mehr dem Messiasbild des Sacharja, dem vulnerablen Messias. Verkündigung geschieht dann aus der Begegnung auf Augenhöhe, als Zuspruch und gegenseitiger Segen. Das Bewusstsein des Angewiesenseins wird zur Grundhaltung, die Offenheit auf beiden Seiten ermöglicht. Die damit verbundene Verletzlichkeit, wenn die eigene Offenheit auf Verschlossenheit und Ablehnung stößt, hatte vermutlich Jesus im Blick, wenn er im gleichen Text empfiehlt, den Staub von den Sandalen zu schütteln und einfach weiterzugehen dorthin, wo wieder eine Tür aufgeht. Es gilt, nur keine Manipulation, keine Überredung, keine Aufdringlichkeit und schon gar keine Gewalt anzuwenden.

Die Jünger kommen dann voller Begeisterung zurück. Sie haben Kraftvolles erlebt, Wunder und Heilungen, Befreiungen und wahrscheinlich bewegende Begegnungen. Das Angewiesensein, die eigene Vulnerabilität und Offenheit haben den Raum weit aufgemacht für das Wirken, das jenseits unserer Souveränität und Möglichkeit liegt. Bemerkenswert ist die Reaktion Jesu auf die euphorischen Berichte der Jünger. Er verweist darauf, dass der Grund ihrer Freude nicht im Erfolg liege, sondern darin, dass ihre „Namen im Himmel geschrieben sind" (Lk 10,20). Die Freude soll also nicht von Gelingen oder Misslingen, Erfolg oder Scheitern abhängen, sondern sie ist bedingungslos und besteht darin, dass wir liebend wahrgenommen sind – egal, was passiert.

Diese essenzielle Unabhängigkeit macht uns frei, würdevoll Angewiesene zu sein.

Zum Glück hat auch dieses Missionsverständnis in die Kirchengeschichte Eingang gefunden, etwa bei den Wüstenvätern, den irischen Mönchen, die sich „anschwemmen" ließen in England und von dort aus durch das kontinentale Europa zogen und mit den Menschen mitlebten. Weiters: Franziskus, der aus dem wohlhabenden Leben ausstieg, um Teil der Armen zu werden, bis hin zur Verschwisterung mit der Schöpfung; die Waldenser des 13. Jahrhunderts, der Methodismus im 18. Jahrhundert oder die Bewegung aus Taizé seit dem Zweiten Weltkrieg. Angewiesensein, Armut, Verletzlichkeit sind keine „Missionsmethode", kein künstliches Sich-klein-Machen und frömmelnde Bescheidenheit. Sie entspringen aus der Tiefe menschlicher Würde, zeigen sich in aufrechter Haltung und einer inneren Freiheit und Stärke und spiegeln die Schönheit des Menschen in Einfachheit und nicht seine Erbärmlichkeit im mangelnden Prunk, eben: die Würde des Angewiesenseins.

Der Drang zu helfen

Mit der angeborenen Hilfsbedürftigkeit und dem grundsätzlichen Angewiesensein des Menschen korrespondiert eine immanente Fürsorglichkeit. Vor diesem Hintergrund bringen Rüegger und Sigrist das Menschenbild auch aus der Perspektive diakonischer Arbeit auf den Punkt: „Alle Menschen sind zugleich hilfebedürftig und zum Helfen befähigt. Diakonie geht von einem Menschenbild aus, das alle Menschen prinzipiell als verletzbare, der Hilfe durch andere bedürftige und zugleich zur Hilfe gegenüber anderen befähigte Wesen sieht."[17] Diese Befähigung ist zunächst kein Ergebnis von Lernen und Erziehung, sondern sie zählt zu einer wesensmäßigen Veranlagung des Menschen[18], wie besonders Joachim Bauer in der Beschreibung von Spiegelneuronen in der Abgrenzung zu Darwins Durchsetzungslehre dargestellt hat.[19] Man kann durchaus von einem Fürsorgetrieb sprechen, der das Überleben der heranzuziehenden Generation und der Gemeinschaft als ganzer sichern soll. Er liegt sowohl in der Frau als auch im Mann begründet und findet seine kulturbedingte Ausprägung. Helfen ist nicht primär eine altruistische oder moralische Leistung, sondern die Ausübung eines angelegten Reflexes: „Moralisches Handeln folgt nicht ausschließlich verallgemeinerbaren sittlichen Normen, sondern es ist auch von Gefühlen, von Intuitionen und von allen Moral transzendierenden Grundorientierungen des Lebens geleitet."[20] „Dieser primäre, vorreflexive Appell wird sekundär durch philosophische, theologische oder weltanschauliche Deutung begründet, gewertet, vertieft oder je nachdem auch abgeschwächt. Es ist unumgänglich, dass der primäre Impuls zu helfen sich in solchen Deutungen expliziert."[21] So gibt es kein genuin „christliches" Helfen, allenfalls kann neutestamentlich in den Gleichnissen Jesu wie etwa dem vom „letzten Weltgericht" (Mt 25,31–48) oder vom „barmherzigen Samariter" (Lk 10,25–37) gezeigt werden, dass hier die Vorbilder intuitiv und ideologiebefreit handeln. Gerd Theissen leitet aus diesen Gleichniserzählungen ein universales Hilfsethos im Neuen Testament ab.[22] Zugespitzt könnte man paradox formulieren: Das spezifisch christliche Helfen im Sinne Jesu ist das absichtslose, nicht religiös motivierte Handeln. Joachim Bauer hat erkannt, dass das Ziel aller neurobiologischen Motivationssysteme die menschliche Beziehung ist: „Kern aller Motivation ist es, zwischenmenschliche Anerkennung, Wertschätzung, Zuwendung oder Zuneigung zu finden und zu geben.“[23] „Helfen“ vereint wohl besonders deutlich den Wunsch, Zuwendung zu erlangen und zu geben und ist gefährdet, aus der Balance zu fallen. „Helfen“ kann quasi als eine Art Rohmaterial menschlichen Verhaltens verstanden werden, das erst im zweiten Schritt veredelt oder missbraucht oder irgendwie gestaltet wird, sich der Verantwortung des reifen Menschen unterstellt.[24] Es kann also auch verstanden werden als die Kultivierung eines Fürsorgetriebs. Daraus ergibt sich die „Ethik des Helfens“ und damit verbunden die Verantwortung des Menschen, mit dieser Veranlagung so umzugehen, dass es den Beteiligten wesentlich dient. So wie die Hilflosigkeit als Wesensmerkmal des Menschen zu betrachten ist und damit zu seiner Würde gehört, so auch das Streben zum Helfen und vor allem die Verantwortung, Hilfe gemeinschaftsfördernd zu gestalten. Ein herabgesetzter oder nicht vorhandener Reflex zum Helfen würde als abgespalten oder extrem egozentrisch gelten und bis hin zu einer psychischen Störung im Sinne einer narzisstischen Persönlichkeitsstörung oder des Autismus verstanden werden.

Der überwiegende Teil dieses Buches wird sich mit der Herausforderung beschäftigen, das Streben zum Helfen zu reflektieren, nach einem Ideal auszurichten und Kriterien hilfreichen Helfens zu entwerfen. Vor diesem Hintergrund ist Einsamkeit nicht nur die bittere Erfahrung, dass niemand für einen da ist, sondern noch viel mehr die Wahrnehmung, für niemand da sein zu können. Es gehört zum Wesen des Menschen, fürsorglich zu sein, und damit auch zu seiner Würde, im weitesten Sinne helfen zu dürfen, nährend für andere da zu sein. Nicht gebraucht zu werden ist eine essenzielle Kränkung des Menschen. Sie verletzt ihn zutiefst – nicht nur aus sozialen Gründen, keine Bedeutung für andere, keine Rolle mehr innezuhaben. Die Verletzung reicht noch viel tiefer und berührt den Wesenskern, zu dem es gehört, nicht nur als Nehmender, sondern als Gebender auf andere bezogen zu sein. Der größte Schmerz der Einsamkeit besteht darin, keinen Adressaten für die eigene Liebe zu haben. Liebe will sich verschwenden. Vielleicht klingt es etwas zu vollmundig, hier von Liebe zu sprechen, da es sich ja zunächst sehr neutral um einen Fürsorgetrieb handelt, der noch lange nicht Liebe bedeutet. Aber er kann wesentlicher Ausdruck der Liebe sein und somit berührt er die Ursehnsucht des Menschen. Diesem Grundimpuls keine Gestalt geben zu können, ist Ursache und Wirkung der Einsamkeit zugleich. Therapeutisches und seelsorgerliches Helfen besteht vor diesem Hintergrund auch darin, den Fürsorgetrieb des Klienten zu entwickeln und dazu beizutragen, dass dieser eine heilvolle Gestalt gewinnt. „Helfen" bedeutet vor diesem Hintergrund „helfen zu helfen".

In meiner Erfahrung als Gefängnisseelsorger beobachte ich, wie hartgesottene Männer, die langjährige Haftstrafen abzusitzen haben und als gefährlich gelten, nach schweren Gewalttaten mit großer Hingabe und Zärtlichkeit ein Aquarium pflegen. Fische sind die einzigen Tiere, die sie in ihren Hafträumen halten dürfen. Und sie kennen sie, zeigen stolz, wie der eine oder andere Fisch dem Finger am Glas folgt. Sie haben Namen und werden mit bestem Fischfutter verwöhnt. In einer Haftanstalt für psychisch Kranke hat sich ein Kater im Garten heimisch gemacht. Er wird dick. Von allzu vielen wird er gefüttert. Und zu einer bestimmten Zeit gegen Abend trifft sich ein Untergebrachter mit ihm am Gangfenster. Dort wurde ihm liebevoll ein Kissen zurechtgelegt. Dann bekommt er seine Streicheleinheiten. Wer streichelt wen? Wer braucht wen? Es ist hinlänglich bekannt, wie wichtig Tiere sein können, welche therapeutische Wirkung sie haben können – in verschiedenen Settings privater oder therapeutischer Natur. Ein wichtiger Aspekt dabei ist das Gestalten und die Kultivierung des Fürsorgetriebs als eine genuine Veranlagung des Menschen. Es geht um Entwicklung, Integration und Begrenzung dieses Triebs, der wie andere Impulse außer Kontrolle geraten und zur Sucht werden kann.

Ich denke an eine Frau im Frauengefängnis. Sie ist inhaftiert wegen wiederholten Betrugs. Sie konnte die Rechnungen der vielen Geschenke, die sie ihrer Familie, Freunden und Nachbarn zukommen ließ, nicht zahlen:

mit leeren händen
sie ist mutter, großmutter
vielfach
ganz und gar
immer hat sie geschenkt
gekauft, geschenkt
gemeinschaft gekauft
das einstige einzelkind
jetzige mutter, großmutter
vielfach
ganz und gar
geschenkt und gekauft
ohne geld
unverbesserlich
zu weihnachten
darf sie nach hause
ohne geld, ohne geschenk
mit leeren händen
in die gemeinschaft
nicht erkauft
nicht erschwindelt
mit leeren händen
endlich
hoffentlich genug

Es geht um eine heilvolle Balance zwischen Nehmen und Geben. Und beides sind Grundbedürfnisse des Menschen, das Geben nicht weniger als das Nehmen. Und beides kann aus dem Lot und damit aus der Gesamtbalance fallen. Ich bin mir nicht sicher, ob für jeden Menschen das Sprichwort zutrifft, dass das Geben seliger sei als das Nehmen. Ich denke, dass manche das eine und manche das andere erlernen müssen, um „seliger", also stimmiger in ihrer Balance, letztlich glücklicher zu werden. Aber dass das Geben im umfassenden Sinn „selig" macht, hängt aus meiner Sicht auch wesentlich mit dem Grundbedürfnis nach Fürsorge und deren Kultivierung zusammen.

Liebe und Macht

Dem Menschenbild entsprechend, das der österreichische Psychotherapeut Alfred Adler entworfen hat, sehe ich die grundsätzliche Veranlagung zum Helfen eingebettet in zwei konkurrierende Strebungen des Menschen, die gerade hinsichtlich des Helfens auf verschiedene Weise zur Geltung kommen: das Streben nach Gemeinschaft und das Geltungsstreben, das Streben nach Macht. Adler geht dabei von dem ursprünglichen Gefühl der Minderwertigkeit aus, das es zu überwinden gilt. Ein Kind erlebt sich schon rein physisch als klein und zur Gänze angewiesen. Es zählt zur Vitalität eines Kindes, „groß" werden zu wollen und Anerkennung zu bekommen. Der eine Weg führt über die Anerkennung der Gemeinschaft, indem es Erwartungen entsprechen und erfüllen und der Gemeinschaft nützlich sein will. Die Bestätigung durch diese nährt den Selbstwert und den Wunsch nach weiterer Anerkennung, woraus sich ein Lebensstil entwickelt, der das grundsätzliche Minderwertigkeitsgefühl durch soziale Anpassung und Fürsorge überwindet und den Selbstwert auf diese Weise stärkt.

An dieser Stelle möchte ich auch nicht ganz auf den Begriff „Liebe" verzichten[25], obwohl er leicht missbraucht oder hochstilisiert werden kann. Aber ihn wegzulassen, weil er zu wenig eindeutig ist, hieße auch, die Gottebenbildlichkeit des Menschen zu reduzieren, sofern man davon ausgeht, dass Gott Liebe ist (1 Joh 4,7). Insofern wir von einer „Gottebenbildlichkeit" des Menschen ausgehen, ist der Kern seines Wesens und seine eigentlichste Bestimmung auf Liebe ausgerichtet. Die Befähigung und Berufung zur Liebe reichen weiter als der Gemeinschaftssinn, da „Liebe" sowohl Ausgangspunkt als auch Ziel der Bestrebung vereint. Sie bleibt aber in ihrem Wesen nicht beschreibbar, sondern höchstens ein hymnisch zu besingendes Mysterium, das über das Menschliche hinausweist. Die tätige „Nächstenliebe" ist aber die Konkretisierung dieser umfassenden Liebe in menschlicher Verantwortung. Nur so ist „Liebe" nichts Abgehobenes und rein Ästhetisches, sondern gleichzeitig geerdet und verantwortet, aber „dem Himmel entnommen". Als solche ist sie umfassend und schließt alle Facetten der Liebe ein, auch die erotische, die als *ein* Antrieb in verschiedener Weise sich auch in der helfenden Beziehung zeigt. „Über jeder helfenden Beziehung liegt auch ein Hauch Erotik."[26]

Der andere Weg, „groß" zu werden und die defizitäre Ausgangslage zu überwinden, besteht darin, sich dem Vergleich mit anderen zu stellen und möglichst „größer" zu werden als andere.[27] Das Streben nach Macht besteht gerade darin, eine höhere Position einzunehmen als andere und damit einen größeren Einfluss ausüben zu können. Dabei ist zu beachten, dass hier nicht dualistisch gespalten und eindeutig zwischen guter und schlechter Strebung unterschieden wird. Einerseits kann der Gemeinschaftssinn zu einem Lebensstil problematischer Überanpassung führen, andererseits das Machtstreben etwa zu einer Bereitschaft, Führungsverantwortung zu übernehmen und das soziale Leben mitzugestalten. Im „Helfen" greifen beide Strebungen stark – auch in einer gewissen Gleichzeitigkeit – ineinander und machen so die helfende Beziehung zu einem sehr vielschichtigen und bisweilen ambivalenten Geschehen. Vor diesem Hintergrund ist die ausführliche, grundsätzliche Auseinandersetzung mit dem Thema und, noch mehr, die nüchterne Selbstreflexion vonnöten.

Mir sind nur wenige Orte in der Gesellschaft bekannt, in denen die beiden Strebungen „Macht" und „Helfen" so eindrucksvoll präsent und ineinander verschränkt sind wie im Gefängnis. Es ist an sich ein autoritäres System der Macht, das gleichzeitig vorgibt, zur Resozialisierung von Haftinsassen beizutragen, also Menschen zu helfen, sich (wieder) sozial verhalten zu können. Es wäre lohnend, sich noch ausführlicher damit auseinanderzusetzen, wie eine Sozialisierung, also eine Anpassung an das soziale Leben, gelingen kann, wenn es von einer Machtinstitution als Zielvorstellung erwartet wird. Eine gesunde Anpassung, die weder ein Sich-Beugen noch der Weg des geringsten Widerstands sein soll, bedarf der Freiwilligkeit und des authentischen Gespürs nach Stimmigkeit nach innen hin und nach außen hin.

In unserem Kontext der helfenden Beziehung denke ich aber an viele eindrucksvolle Menschen, die mir in den verschiedenen Gefängnissen begegnen. Da sind nicht wenige „mächtige" Männer und Frauen dabei.

Ich denke an eine ältere Insassin, Frau K. Sie war Geschäftsführerin eines großen, weltweiten Konzerns. Jetzt ist sie Teil einer Gemeinschaft von Frauen aus allen Gesellschaftsschichten und vielen Nationen, die nur das Eine gemeinsam haben: den Ort, den sie jetzt teilen. Und dieses „Sich-den-Ort-Teilen" meint auch, den je eigenen Teil, den eigenen Platz in der Gemeinschaft zu bekommen. Dabei gibt es natürlich die Starken und die Schwachen, die keine Position erlangen können. Frau K. wird von allen, auch dem Personal, respektiert und geachtet. Sie hat einen geraden aufrechten Gang. Ihr Körper ist korpulent und ihr Gesicht rund, die Nasenwurzel auffallend breit. Sie erzählt von manchen Sozialprojekten ihres Konzerns und von vielen Katzen und Hunden, die sie aus dem Tierheim geholt habe, um ihnen einen „tierwürdigen" Lebensabend zu gewähren. Und jetzt im Gefängnis ist sie wie eine Glucke, die ihre Küken unter ihre Fittiche nimmt. Frau K. nimmt sich aller Schwachen, aller Gemobbten und jener an, die irgendwie in diesem System unter die Räder kommen. Sie, die in diesem System sehr mächtig ist, hilft, wo sie nur kann. Beides zählt wesentlich zu ihrer Natur: Die Mächtigkeit und das Helfende, sie fließen fast nahtlos ineinander in allen guten und problematischen Seiten.

Ein anderer Insasse in einem Hochsicherheitsgefängnis gilt als besonders gefährlich nach wiederholten schweren Gewaltverbrechen. Er galt als ein gefürchteter Zuhälter im Rotlichtmilieu. Jetzt sitzt er beinahe zwanzig Jahre in Haft und ist Mitte sechzig. Ich begleite ihn schon lange und merke, wie er ein anderer geworden ist. Und doch auch nicht. Die Todesnähe nach einem Herzinfarkt und eine anstehende Herzoperation haben seine Angst hinter seiner harten Fassade bloßgelegt. Ich teilte sie mit ihm:

Das Kreuz

Meine rechte Hand steckte ich in den Hosensack.
Dort hielt sie ein Kreuz aus Olivenholz fest – ganz fest.
Ich hatte Angst, fühlte mich nackt.

Das Kreuz blieb lange in meinem Hosensack.
Meine Hand ist wieder offen.
Ich reiche sie einem, der als besonders gefährlich gilt.

Er steht vor einer Operation.
Der gesamte Bauch wird aufgeschlitzt.
Er hat Angst, zittert.

Ich gebe ihm mein Kreuz aus Olivenholz.
Nach zwei Wochen besuche ich ihn.
Das Kreuz liegt auf seinem Nachtkästchen.

Er ist zunehmend weich geworden und blieb doch dominant im Gesprächsverhalten, in seiner Durchsetzung. In der Krankenabteilung wurde er bald Hausarbeiter. Und er kümmert sich nunmehr um die Schwerkranken, sitzt an ihren Bettkanten und hält Sterbenden die Hand. Und er bekocht und teilt und gibt. Und ist liebevoll und mächtig, liebevoll mächtig:

umfangreich

sein akt ist umfangreich.
er gilt als besonders gefährlich.

er zeigt mir einen sack.
er habe für weihnachten eingekauft
für die, die nichts haben.

sein akt ist umfangreich.

Motivationskonglomerat
(oder: die Endlichkeit des Helfens)

Das Helfen ist in Misskredit geraten. Vor allem wird das implizite Gefälle zwischen Hilfe-Spendenden und Hilfe-Empfangenden hervorgehoben. Dies kommt z. B. im Aufsatz von Dietrich Stollberg mit dem Thema „Helfen heißt herrschen"[28] zum Ausdruck. Der Vortrag wurde anlässlich des Thurneysen-Symposions 1988 in Bad Boll gehalten. Bevor er sich mit dem Verhältnis von Theologie und Psychologie auseinandersetzt, greift er das provokante Tagungsthema auf und listet unter anderem Gefahrenpotenziale hinsichtlich des Machtgefälles der helfenden Beziehung auf:

„Der Satz: ‚Helfen heißt herrschen' bedeutet also: (1.) die natürliche Tatsache eines Macht-Ohnmacht-Gefälles in jeder helfenden Beziehung, Asymmetrie und Abhängigkeit, (2.) die latente Reziprozität dieses Gefälles und damit zusammenhängende unbewußte gegenseitige Abhängigkeit, (3.) die Transparenz dienender Funktionen einer Gemeinschaft auf Herrschaftspotentiale hin, (4.) die Möglichkeit, soziale ‚Dienste' zur Festigung statt zur Lockerung von Abhängigkeiten zu missbrauchen, (5.) die Gefahr, unter dem Decknamen ‚Verantwortung' andere zu beherrschen, Eigenverantwortung aber zu vermeiden, (6.) das Motiv, anderen zu helfen, um sie loszuwerden, eine für einen selber unerträgliche Situation – z. B. das berühmte Zuschauen-Müssen – zu erleichtern und eigene Schuldgefühle zu lindern, (7.) das Bedürfnis, der internalisierten Norm ‚Du sollst helfen' zu genügen und das Gewissen zu beruhigen, (8.) die Möglichkeit, Hilfe zu verweigern, sei es aus Bosheit (Rache, Unlust, Rivalität, Angst usw.), sei es aus der Absicht heraus, den anderen als erwachsenen Partner – und sich selbst als keineswegs überlegen – im Rahmen der Realität und ihrer Grenzen ganz ernst zu nehmen."[29]

Damals war längst Wolfgang Schmidbauers Buch „Die hilflosen Helfer"[30] zu einer Pflichtlektüre aller helfenden Berufe geworden und das dort beschriebene „Helfersyndrom" ein Dauerverdacht hinter allem Engagement. Kaum jemand würde heute die Problematik bagatellisieren, in erster Linie das eigene geschwächte Selbstwertgefühl dadurch stärken zu wollen, indem man vermeintlich Schwächeren helfen will. Allzu leicht verbirgt sich hinter dem sozial anerkannten „Helfen" die weniger anerkannte Strebung nach Macht und Herrschen. Versteckte Motive zu entlarven war und bleibt wichtig. Dass Schmidbauers Buch in diesem Maße wirksam wurde, hat ihn selbst erschreckt, was im Vorwort zur 4. Auflage durchschimmert, in dem er etwas von der Einseitigkeit des Buches modifiziert. Schmidbauers Warnung vor dem Helfersyndrom muss erhalten, aber wesentlich ergänzt werden. Vor allem erscheinen mir drei Blickpunkte wichtig:

Erstens ist an dieser Stelle noch einmal auf die anthropologische Dimension hinzuweisen, die den Menschen nicht nur von Moral und Ethik her auf Gemeinschaft verweist, sondern wesensmäßig und biologisch. Hilfsbedürftigkeit und Helfen gehören beide zur Würde des Menschen. Anders gesagt, ein gesunder Mensch kann fast nicht anders als helfen zu wollen. Das hieße, dass die rücksichtslose Durchsetzung eigener Interessen und das einseitige Sorgen um den Eigennutz auf Kosten anderer nicht primär in den Menschen angelegt sind, sondern sekundär, etwa durch Überlebensangst und die Angst, zu kurz zu kommen, entwickelt werden. Diese Ängste sind wirksam und prägen in verschiedener Weise die Persönlichkeit[31], sie machen sie aber nicht zur Gänze aus. Viele andere Einflüsse mögen dazu führen, dass Menschen von einer Hilfsbereitschaft abrücken. So könnte etwa – meiner Beobachtung nach – die in unserer Zeit sich breit machende Zuschauermentalität sich auch dahingehend auswirken, dass Menschen sich nicht zum Handeln aufgefordert wahrnehmen, weil sie zu „Zuschauern des Lebens" geworden sind. Wie oben erwähnt, greifen beide Veranlagungen und Kräfte – Liebe und Geltungs- bzw. Machtstreben – im Menschen ineinander und sind oft auch gleichzeitig wirksam. Das heißt, die Motivationslage schillert und ist vieldimensional und auch widersprüchlich.

Zweitens: Die Endlichkeit des Menschen ist nicht nur an den Lebensrändern zu beobachten, sondern bestimmt das gesamte Leben. Vor diesem Hintergrund scheint es mir angebracht zu sein, mit Fulbert Steffensky gegen den „Totalitäts-Terror" die Stimme zu erheben: „Gegen den Totalitäts-Terror möchte ich die gelungene Halbheit loben. Die Süße und die Schönheit des Lebens liegt nicht am Ende, im vollkommenen Gelingen und in der Ganzheit. Das Leben ist endlich, nicht nur in dem Sinn, dass wir sterben müssen. Die Endlichkeit liegt im Leben selber, im begrenzten Glück, im begrenzten Gelingen, in der begrenzten Ausgefülltheit. Hier ist uns nicht versprochen, alles zu sein." [32] Vor diesem Hintergrund ist zu postulieren: Unser Helfen bleibt meist ein gebrochenes, nicht nur vom Ergebnis, sondern noch viel mehr von der Motivationslage der Helfer her. Gerade darin bleibt es eben auch sehr menschlich und oft allzu menschlich. Die „reine" Motivation im Sinne einer Absicht, die nicht auch in sich widersprüchlich ist oder gleichzeitig auch andere Absichten beinhaltet, kommt wohl in den seltensten Fällen vor. Die Gleichzeitigkeit der Motive und das Fragmentarische des Menschseins sind nicht bloß Mangel. Ich möchte dafür eintreten, dass sie auch zur Schönheit des Menschen zählen. Dies versteht sich eben nicht von dem unmittelbaren Erleben her, sondern muss in der beschämenden Erfahrung des Mangels diesem entgegengehalten werden als eine Entlastung von überhöhten Idealen. So formuliert Henning Luther: „Gegen das Ideal der Ganzheit und Vollkommenheit möchte ich die Vorstellung vom *Fragment* ins Spiel bringen. Leben als Fragment zu verstehen, heißt nicht erniedrigt zu werden, auf die Unvollkommenheit *festgelegt* zu werden, also klein gemacht zu werden. Dies meint keine falsche Bescheidenheit. Leben als Fragment zu verstehen, soll vielmehr eine Befreiung sein, die uns von falschen Idealen erlöst (...) Sehen wir unser Leben als Fragment, werden wir freier. Oder: Verstehen wir unser Leben als Fragment, können wir aufatmen und leben.“[33] Ich möchte in diesem Kontext hinzufügen: Wir können uns etwas von einer Unvoreingenommenheit im Helfen bewahren trotz der Vielfalt der Motive und Fragwürdigkeiten. Unser Helfen bleibt eben „menschlich“ in der Doppeldeutigkeit des Begriffs[34] und getragen von einem befreienden Glauben. Mit Ruegger/Sigrist ist festzuhalten, „dass christlicher Glaube mit seinem Vertrauen auf Gottes Vergebung eine ihm eigene entlastende Perspektive im Blick auf Phänomene der Ambivalenz und des Scheiterns menschlicher Bemühungen zu helfen beinhaltet.“[35]

Angesichts der immanenten Ambivalenz helfender Beziehungen gilt es, diese gleichzeitig zu bejahen und sich „um die Schärfung eines selbstkritischen Sensoriums für die Ambivalenz helfenden Tuns"[36] zu bemühen. In diesem Sinne fasst auch Gerhard Theißen seinen Essay „Die Bibel diakonisch lesen" zusammen: „Hilfe und Hilfsmotivation sind allgemeine menschliche Phänomene. In ihnen leuchtet ebenso die Ebenbildlichkeit des Menschen immer wieder auf wie seine Endlichkeit. Dies Aufleuchten der Ebenbildlichkeit geschieht in einer Welt, in der sich die besten Hilfsabsichten in Widersprüche verstricken müssen: Moderne Kritik an der Hilfe als kaschierte Herrschaft, als dysfunktionale Gegenselektion und psychische Selbstausbeutung deckt diese Verstrickung auf. Aber diese Welt ist nach christlichem Glauben nicht auf ihre Unerlöstheit festgelegt. Mitten in ihr beginnt eine neue Schöpfung. Im Lichte dieser neuen Schöpfung kann Hilfe zur Herrschaftsreduktion, zur rettenden Gegenselektion, zum Zeugnis einer souveränen Liebe werden, durch die Helfer und Hilfsadressaten sich selbst finden. Christlich motivierte Diakonie teilt die Würde natürlichen Helfens, teilt die ganzen Widersprüche der Hilfe – aber sie lebt von der Hoffnung, daß diese Widersprüche nicht das letzte Wort sind."[37]

Drittens ist zu fragen, um wen es in erster Linie geht: um die, die Hilfe benötigen oder um den Helfenden? Es steht außer Frage, dass eine einseitig motivierte Hilfe im Sinne eines subtilen Herrschen-Wollens zu sehr problematischen Abhängigkeitsbeziehungen führen und große Schädigung nach sich ziehen kann. Es gilt, alles zu tun, um solches zu vermeiden. In vielen (oft praktischen) Fällen aber bleibt die Motivationslage des Helfenden für den Hilfsempfänger völlig belanglos. Wenn mein Haus brennt und ein „vom Helfersyndrom" motivierter Feuerwehrmann der Freiwilligen Feuerwehr sich besonders einsetzt, ist mir das sehr recht, auch dann, wenn es ihm in erster Linie darum geht, sich und anderen etwas zu beweisen. Wie am Ende des Gleichnisses vom „barmherzigen Samariter" der Perspektivwechsel steht, so ist dieser immer wieder anzuwenden – auch in der kritischen Betrachtung der Helfer. In der Fokussierung auf den Beziehungsaspekt zwischen Helfer und dem, der Hilfe empfängt, darf die Sachebene nicht aus dem Blick geraten, also die konkret geleistete Hilfe. Mitunter kann sie sich geradezu zufällig ereignen trotz problematischer Voraussetzungen.

Es darf bei der Bearbeitung des Themas „Helfen" nicht um einen neuen Purismus gehen und nicht um eine bewertende Analyse, die ja allzu leicht selbst in Gefahr ist, von fragwürdigen Motiven geleitet zu sein. Sondern es geht um ein kritisches Wahrnehmen und um das Bemühen, dass Hilfe möglichst hilfreich ankommt und dass so wenig Schaden wie möglich verursacht wird und so viel Nutzen wie möglich geschieht.

Kapitel II – Die Beispielerzählung vom „barmherzigen Samariter" als Vor-Bild des Helfens

Vorbemerkung

Zunächst stellt sich die Frage, ob ein biblischer Text aus seinem Zusammenhang gerissen und als Anschauungsmaterial für ein Thema herangezogen werden darf. In diesem Fall ist dazu Folgendes zu bemerken:

Der Kontext der Beispielerzählung im Lukasevangelium (Lk 10,25–37) ist ein Streitgespräch zwischen einem Gesetzeslehrer und dem Rabbi Jesus. Es geht um die Frage nach dem höchsten Gebot. Auf die sich selbst rechtfertigende Gegenfrage des Schriftgelehrten, wer denn sein Nächster sei, antwortet Jesus narrativ mit dieser Geschichte: Ein Mann geht auf dem Handelsweg von Jerusalem nach Jericho und wird unterwegs überfallen und bleibt „halbtot" liegen. Es kommt ein Priester von Jerusalem, sieht ihn und geht weiter. Es kommt noch ein Priester aus einer anderen Priesterkaste, sieht ihn und geht weiter. Dann kommt ein Mann aus Samarien, also ein von der damaligen jüdischen Bevölkerung Gering-Geachteter, sieht den Halbtoten und es „jammert" ihn. Er geht zu ihm, reinigt seine Wunden mit Wein und Öl, legt ihn auf sein Lasttier und geht mit ihm den Weg durch die Wüste nach Jericho. Dort übergibt er den Verletzten dem Wirt einer Herberge, dem er entsprechend Geld für die weitere Versorgung gibt. Er sagt, er zahle den Rest, wenn er wiederkomme. Dann zieht der Mann aus Samarien seines Weges.

François Bovon geht davon aus, dass Lukas das Gleichnis an anderer Stelle schon vorgefunden hat und es hier in den Dialog einsetzt und so als Anschauungsmaterial benützt.[38] Daraus kann abgeleitet werden, dass Geschichten eben in verschiedenen Zusammenhängen eine deutende Wirkung entfalten können. Im biblischen Kontext dreht sich die Geschichte wesentlich um die Frage der Nächstenliebe. In typisch lukanischer Komposition korrespondiert diese Geschichte mit der nächsten Erzählung, die die Begegnung Jesu mit Martha und Maria schildert und in der die Gottesliebe im Zentrum steht (Lk 10,38–42). Die Wirkungsgeschichte der Beispielerzählung lässt erkennen, in welchen Farben sie leuchten kann. Allegorische Deutungen, wie etwa bei Origenes, sehen Christus im barmherzig handelnden Samariter, der den zu Fall gekommenen Menschen rettet und in die Herberge als Sinnbild der Kirche bringt. Die christologische und soteriologische Dimension ist über die Jahrhunderte hinweg verschieden akzentuiert worden. Einigkeit aber dürfte wohl darin bestehen, dass das Handeln Jesu dem des Samariters entspricht. So wie dieser lässt sich jener von der Not des Menschen betreffen und wendet sich den Notleidenden zu. Ich neige dazu, das Gleichnis anthropologisch zu verstehen. Dies schließt teilweise den christologischen Aspekt mit ein, in Jesus den Menschensohn, schlechthin den Menschen zu sehen. Die Antwort auf die Frage nach dem alles entscheidenden Gebot oder, anders gesagt, worauf es im Leben ankommt, wäre dann: ganz Mensch zu werden, so wie wir es in Jesus sehen und in seinen Geschichten hören. Der Sinn des Lebens bzw. das Göttliche wäre dann nicht im Religiösen (Priester und Levit) zu suchen, sondern in der Menschwerdung im Sinne Christi und das hieße, der Liebe konkrete Gestalt zu geben.

Vor diesem anthropologischen Hintergrund glaube ich, dass es legitim ist und keineswegs eine Verfremdung darstellt, das Gleichnis als Vor-Bild hilfreichen Helfens, als einen konkreten Ausdruck der Nächstenliebe heranzuziehen und gewissermaßen zu benützen.[39]

Nächstenliebe[40]

Dass Jesus die Beispielgeschichte des „barmherzigen Samariters" als Antwort auf die Frage „Wer ist mein Nächster?" gibt, ist in mehrfacher Hinsicht bemerkenswert.

Vor allem führt die narrative Antwort weg von einer theoretischen Betrachtung hin zu einer Identifikationsebene. Es geht nicht um das Darüber-Nachdenken, sondern um den Lebensvollzug, nicht um eine distanzierte Betrachtungsweise, sondern um das Sich-Einlassen. Dies kommt einerseits schon im Stilmittel des Erzählens zum Ausdruck, das die Hörenden in die Geschichte hineinnehmen möchte, andererseits in ihrem Inhalt. Dass ausgerechnet ein – aus jüdischer Perspektive – Gering-Geschätzter als Vorbild herangezogen wird, kann als eine prophetische Kultkritik verstanden werden, die das soziale Handeln dem religiösen nicht nur vorzieht, sondern Letzteres in seiner Bedeutung hinterfragt: Das rein kultisch-religiöse Verhalten kann blind machen für das, was vor den Füßen liegt, für das unmittelbar Menschliche.

Zunächst aber besteht eine doppelte Provokation im Sinne einer Entgrenzung in Jesu Antwort auf die Frage, wer denn „Nächster" sei: Die Wahl des Samariters als Protagonisten der Geschichte ist geradezu skandalös. Als Samariter gehört er nicht nur irgendeiner nicht-jüdischen Volksgruppe an, sondern einer, zu der eine besonders feindselige Stimmung herrschte, wie die unwirsche Behandlung durch die samaritanischen Dorfbewohner widerspiegelt, die Jesus und seine Jünger nicht aufnahmen, weil sie auf dem Weg nach Jerusalem (zum Tempel) waren (Lk 9,51–56). Aber gerade ein Samariter ist es, der in seinem Handeln am Halbtoten den Begriff des Nächsten vorbildhaft entgrenzt. Nach Levitikus 19,16–18 sind die „Nächsten" die „Genossen des Bundes, die Glieder der Gemeinde, die teilhaben an Erwählung und Bund und den damit gegebenen Pflichten und Rechten. Das Gebot der ‚Nächstenliebe' gilt damit laut Lev 19,18 zunächst eindeutig gegenüber den Genossen des Jahwebundes, nicht ohne weiteres gegenüber allen Menschen. Es wird freilich (...) Lev 19,34 auch im Blick auf den (...) im Lande wohnenden Fremden verbindlich gemacht."[41] Jesus durchbricht in dieser Geschichte jegliche Schranke, die den Begriff des „Nächsten" eingrenzen würde auf Familie, Sippe, ethnische oder religiöse Zughörigkeit und erhebt (neben dem Gleichnis vom Weltgericht in Mt 25) mit diesem ein „universales Hilfsethos"[42]. Gerade darin wird deutlich, dass es hier um eine provokante Grenzüberschreitung geht, denn jetzt zählen nicht mehr Familienbande, nationale oder religiöse Zugehörigkeit oder Sympathiewerte, sondern ausgerechnet der Fremde – sogar der besonders negativ besetzte – ist und wird Nächster in der jeweiligen Situation.[43]

Besonders die Umkehrung der ursprünglichen Frage im zweiten Dialog („Wer von diesen dreien, meinst du, ist der Nächste geworden dem, der unter die Räuber gefallen war?" – Lk 10,36) weist darauf hin, dass es im „Nächsten" nicht nur um das Objekt des Helfenden geht, sondern viel mehr um ihn als Subjekt. Die Blickrichtung des Hilfsbedürftigen definiert den Nächsten und nicht umgekehrt, wie zunächst die Frage lautete. Beide Perspektiven ergänzen einander.[44] Aber entscheidend ist das Selbstverständnis des Helfenden als das eines Menschen, der denen nahe ist, die ihm in den Weg gestellt sind als Angewiesene, so wie er auch angewiesen bleibt. Die Frage nach der eigenen Identität wird hier gestellt. Wir beantworten die Frage „Wer bin ich?" herkömmlich mit unserem Beruf und damit verbunden mit dem Status in der Gesellschaft. Andere Antworten fallen meist als ungewöhnlich auf. Kaum jemand würde die Frage mit „Ich bin Nachbar" beantworten (so könnte „Nächster" auch übersetzt werden), obwohl dies auf alle Fälle zutrifft. Wer sich so versteht in seinem Sein, wird entsprechend handeln. Er lebt in einer aufmerksamen Bezogenheit zu seiner Umwelt. Vor diesem Hintergrund verliert der Begriff „Barmherzigkeit" jegliches asymmetrische Gefälle. Die Frage des Schriftgelehrten, wer denn der „Nächste" sei, wird eben mit einer Geschichte, die Barmherzigkeit darstellt, beantwortet. Der Nächste – egal wer er auch sonst noch sei, Inländer oder Fremder, religiös oder ungläubig, was auch immer – wird eben dann zum Nächsten, wenn er barmherzig handelt.[45] Dass dies keine Frage nach dem rechten Glauben und noch weniger eine kultische Frage ist, wird deutlich in der Provokation Jesu, ausgerechnet einen Samariter als Vorbild heranzuziehen und gegen Personen des rechtgläubigen Kults auszuspielen. Das wahrhaft Religiöse vollzieht und erweist sich im Mitmensch-Sein, im „Dem-anderen-nahe-sein-Können", in der Fähigkeit, sich einzulassen. Das idealtypische helfende Handeln ist vor diesem Hintergrund nicht allein eine äußere und erlernbare Fertigkeit, sondern entspringt dem wesentlichen Selbstverständnis. Das Tun wird zum Symptom des Seins. Es überwindet herkömmliche und soziale Grenzen: Ausgerechnet der Fremde ist ein Nächster und wird zum Nächsten.

Damit wird auch die ursprüngliche Frage des Schriftgelehrten beantwortet: „Was muss ich *tun*, um das ewige Leben zu bekommen?" Es ist anzunehmen, dass der Schriftgelehrte vor dem Hintergrund der Gesetzestreue diese Frage stellt, im Sinne: „Wie muss ich mich korrekt verhalten, um das ewige Leben zu *verdienen*?" Er stellt die Frage hinsichtlich der Moral und des guten Handelns. Jesus antwortet mit dieser Geschichte im Wesentlichen aus der Sicht des Seins und erst sekundär aus der des Tuns. Ich verstehe die abschließende Aufforderung „Dann geh und mach du es ebenso!" als tiefgründige Anweisung, die einerseits die Frage im Wortlaut aufnimmt, andererseits inhaltlich umkehrt. „Mach ebenso!" sagt somit: „Lass dich auf ein Sein als Mitmensch ein!" Aus diesem Nachbar-Sein entspringt dann die Handlung, nicht als eine von außen her geforderte, sondern als eine von innen her motivierte.[46] Die zwei Dialoge, die die Gleichnisrede umrahmen, enden im griechischen Original beide mit der Aufforderung *poiei* – „Handle (ebenso)!" (Lk 10,28.37). Im abschließenden Zwiegespräch allerdings ist dem ein *poreuou* vorangestellt, das meist übersetzt wird mit „Geh hin!". Möglicherweise kann es als überbewertet verstanden werden, wenn man diesem kleinen Unterschied Bedeutung beimisst. Ich glaube allerdings, dass dieses „Geh hin!" sehr umfassend zu verstehen ist und ihm somit eine gewichtigere Bedeutung zukommt als einem beliebigen Füllwort. *Poreuomai* hat auch die Bedeutung „sich aufmachen", „sich auf die Reise machen"[47]. In unserem Zusammenhang könnte man also verstehen: „Lass dich ganz darauf ein, mach dich auf die Reise, Nächster zu sein, dann wirst du so handeln." Dieses Sich-darauf-Einlassen ist allerdings nicht ein punktueller Entschluss, sondern ein lebenslanger Prozess, ein Lebensweg, eine Reise durch das gesamte Leben, die lebensbestimmende Route.

Was sind Sie?
Werde ich gefragt –
    Ich bin Nachbar
– sage ich –

Was glauben Sie?
    Werde ich gefragt –
        Ich zweifle mehr
  – sage ich –

Was ist er?
    wird mein Nachbar gefragt –
        er ist ein Mensch
– antwortet er –

Was glaubt er?
    wird mein Nachbar gefragt –
        sein Glaube ist groß
– antwortet er –
(*zu Lk 10,25–37*)

Die Wahrnehmung

Das Selbstverständnis, Nächster, beziehungsweise immer auch Nachbar zu sein, der zu den Menschen um sich herum in Beziehung steht, erweist sich im „barmherzigen Samariter" zunächst und wesentlich in seiner Wahrnehmung. Alle drei, die des Weges kamen, „sahen" das Opfer. Die Männer des religiösen Kults gingen vorbei. Sie ließen sich nicht betreffen, fühlten sich nicht in Beziehung stehend zu dem Halbtoten. Die Wahrnehmung des Samariters jedoch war mit seinem innersten Gefühl verbunden. Nicht eine moralische Entscheidung führt ihn zu seinem Tun, sondern das Mitgefühl, das unmittelbar mit seiner Wahrnehmung verknüpft ist.

Die Wahrnehmung eines Menschen weist auf seinen Wesenskern, seine zutiefst liegende Orientierung und seine unbewusste Zielsetzung hin. Dies trifft auf verschiedene Neigungen und Strebungen zu. Besonders deutlich wird dies zum Beispiel in der sexuellen Orientierung. Ein homophil orientierter Mensch wird Personen des eigenen Geschlechts anders wahrnehmen als ein heterosexueller. Hier gibt es keine Entscheidungsmöglichkeit, die spezifische Wahrnehmung ist die Erste und kommt immer vor den auf sie reagierenden Gefühlen, Gedanken und letztlich Entscheidungen. Die Wahrnehmung ist somit ein Ausdruck innerster Ausrichtung.

Der Samariter ist „beseelt" von Mitgefühl und steht in lebendiger Beziehung zu seiner Umwelt. Dies kommt auch durch die Wahl des Verbs *splagchnizomai* (im Text: *esplagchnisthe*, Lk 10,33) zum Ausdruck, das zu übersetzen ist mit „im Innersten berührt werden"[48]. Vielleicht schwingt etwas Nostalgie mit, wenn ich Martin Luthers Übersetzung „er jammerte ihn" besonders schön finde. Denn gerade im „Jammern" dessen, der eigentlich nicht betroffen ist von den Schmerzen des Jammernden, wird deutlich, dass er sich diese zu eigen macht. Er jammert mit als eine spontane empathische Reaktion. Wie tief dieses Mitgefühl, das „Sich-Jammern" geht, deutet das griechische Nomen *splagchnon* (übersetzt: „Eingeweide") an, das dem benutzten Verb zugrunde liegt. Heute ist neurologisch erwiesen, dass sowohl die Gefühle ihren Platz in den Gedärmen haben, sowie auch die Spiegelneuronen, die wesentlich zu Mitgefühl und Empathie beitragen, dort anzusiedeln sind. Auch im umgangssprachlichen Sprachgebrauch wird deutlich, dass „Bauch" verwendet wird, um, im Gegensatz zum Kopf, Intellekt, das Gefühl und die Spontanität zum Ausdruck zu bringen. „Aus dem Bauch heraus handeln" hieße in diesem Kontext, ganz dem (Mit-)Gefühl folgend, ohne zuvor allzu viele Überlegungen anzustellen, zu agieren. Auch werden manche psychosomatisch bedingten Wahrnehmungen über den Bereich der Eingeweide ausgedrückt, etwa „das liegt mir im Magen" oder im Wienerischen „das magerlt mich"[49] und in vielen anderen Redewendungen mehr. Wahrnehmung ist nicht einfach durch willentliche Verhaltensmodifikation veränderbar, sehr wohl aber form- und lernbar. Ein Kind übernimmt die Wahrnehmung der Eltern. In meinem persönlichen Fall ist dies besonders deutlich: Ich hatte einen gehörlosen Vater, der bildender Künstler war. Seinen nicht vorhandenen Gehörsinn kompensierte er durch ein besonders präzises Schauen und Beobachten. Ich lernte und übernahm seine doppelt scharfe visuelle Wahrnehmung, das heißt mit den Augen etwa Strukturen einer Landschaft,

Bewegungsabläufe und Gesichtszüge wahrzunehmen. Gefragt, worin meine wichtigste Ausbildung bestehe, antworte ich gerne, ich habe den Blick meines gehörlosen Vaters gelernt. Die Wahrnehmung wird von innen und durch die Beziehungen, in denen der Mensch steht, geprägt. Sie entspringt der Intuition, die aber ist wieder geprägt von unserer Wahrnehmung. Die Wahrnehmung ist einerseits Prägung, angeboren und gelernt, andererseits gilt es, sie zu „schärfen", der Mensch steht auch in der Verantwortung, ihr ein Gepräge zu geben.[50]

In biblischer Sprache kommt dies sehr schön zum Ausdruck, wenn etwa vom „*Geist* der Wahrheit" und nicht nur von „Wahrheit" gesprochen wird (etwa in Joh 16,13) oder ähnlich: „Leite mich *in* deiner Wahrheit" (etwa Ps 25,5). Meine Wahrnehmung wird von dem Raum bzw. dem Geist, in dem ich mich bewege, geprägt. Im Zusammenhang, in dem das Gleichnis steht, – nämlich als Antwort auf die Frage nach dem höchsten Gebot und mit dem Liebesgebot als ihre Antwort – könnte man sagen, der Samariter war im *Geist der Liebe* unterwegs. Er war *in* der Liebe und durch dieses Licht hat er nicht nur den Halbtoten „gesehen", sondern sich von seinem Jammer und Jammern betreffen lassen. Vor diesem Hintergrund würde ich behaupten, ist der Mensch mitverantwortlich, aber nicht allein verantwortlich für seine Wahrnehmung. Sie ist immer das Resultat einer frühen Prägung. Mitverantwortlich bin ich insofern, als ich mich als Erwachsener entscheiden kann, von wem ich mich beeinflussen lassen möchte, wessen „Geist" ich mich aussetze, wessen „Geistes Kind" ich sein will. Und ich kann immer „dem Wunder die Hand hinhalten" (Hilde Domin)[51] – oder eben die *Augen* hinhalten – wissend, dass es nicht genügt, die Augen aufzuschlagen, sondern bedenkend, dass mir die Augen geöffnet werden.

Auffallend an der Gleichnisstelle ist auch, dass kein innerer Diskurs beschrieben wird, der zwischen der mitfühlenden Wahrnehmung und dem Hingehen zum Halbtoten liegen könnte. So wird etwa nicht nach Schuld gefragt. Immerhin hätte man sagen können: „Es ist ja geradezu unverantwortlich auf dieser Strecke, die bekannt ist für Raubüberfälle, unbegleitet und wehrlos unterwegs zu sein." Dann hätte man jene Redewendung anfügen können, die allzu oft zu hören ist: „Selber schuld." Sie scheint ein Nicht-Eingreifen und Vorübergehen zu legitimieren. „Wer nicht hören will, der muss fühlen", „Strafe folgt auf den Fuß", diese und andere Redewendungen setzen voraus, dass ein Fehlverhalten zu einer Konsequenz oder auch Strafe führen muss. Das Leiden ist den Leidenden selbst zuzuschreiben und muss als Bußübung erduldet werden. Hilfe gebühre nur den Schuldlosen.

Diese Haltung ist gnadenlos. Sie begegnet einem manchmal *expressis verbis* in den verschiedenen Diskussionen um den Strafvollzug, noch öfter aber implizit, wenn Opferhilfe gegen Täterhilfe ausgespielt wird. Sie ist vor allem im alltäglichen Umgang spürbar – als Legitimation dafür, kein Mitgefühl und kein Verständnis entwickeln und keine Hilfe leisten zu müssen: Der oder die Leidende ist es aufgrund seiner oder ihrer Schuld nicht wert, beachtet zu werden. Besonders hart kann diese Haltung werden, wenn sie sich gegen sich selbst richtet: „Ich bin ja selbst schuld und keiner Hilfe und Linderung wert." Diese Selbstbestrafungstendenz liegt manchem destruktiven Verhalten zugrunde, eine Verachtung der eigenen Person, die in die Selbstzerstörung führt. Manchmal geschieht diese in suizidaler Form, meist aber in einer Lebensweise, die sich gegen das eigene Wohlbefinden und einen lebensbejahenden Lebensstil richtet.

So betrachtet muss eher gefragt werden: Wer bedarf der Hilfe noch mehr, als jene, die „selber schuld sind"? Aber noch besser ist, die Frage – so wie es der reisende Samariter tut – gar nicht erst zu stellen. Denn das Subjekt der helfenden Beziehung sind eben nicht die Helfenden, die von oben herab über Wert und Unwert der Hilfsbedürftigen befinden, sondern diese selbst. Die Helfenden sind Nachbarn aus dem Blick der Notleidenden.

Die „Verunreinigung" und Belastung

Wir wissen nicht, warum die beiden Männer des Kults am „Halbtoten" vorübergegangen sind. Wir wissen nur, dass für Priester und Levit der Tempel und damit verbunden kultische Reinheit eine zentrale Rolle spielt. Sie scheinen vom Tempel, zumindest von Jerusalem zu kommen, da sie „hinunter" ziehen, also Richtung Jericho. Wenn man davon ausgeht, dass sie vom Tempel kommen, dann konnten sie ihn nur gereinigt im Sinne der „Tahara"[52] betreten und so wieder verlassen. Die Berührung eines Toten würde sie gleich wieder verunreinigen.[53] Die Darstellung des Verletzten als „halbtot" lässt mutmaßen, dass er wie tot, also bewusstlos, ausgesehen haben mag. Aus dem flüchtigen, distanzierten Blick der Männer des Kults lässt sich keine hinreichende Diagnose stellen und in der Sorge um die eigene Verunreinigung wollen sie es möglicherweise gar nicht so genau wissen. Dieses Nicht-wirklich-Hinschauen zum Nächsten lässt den Blick auf sich selbst gerichtet. So werden in dieser Darstellung die besonders „Reinen" als Egozentriker entlarvt. Man könnte auch von Heilsegoismus sprechen.[54] Ausgerechnet der Fremde, der als unrein angesehen wurde, hat diese Sorge nicht. Seine erste Reaktion ist das Mitgefühl, eine unmittelbare Betroffenheit, nicht die Sorge um sich selbst. Er scheint religiös unbeschwert handeln zu können. Sein Blick ist nicht vom Glanz edler Ideale geblendet, sondern sieht, was ist und nicht, was sein sollte. Der Halbtote liegt ihm nicht im Weg zu seiner persönlichen Vervollkommnung, sondern ist ihm vor die Füße gelegt als ein Ruf, den es zu beantworten gilt.[55]

Das Thema kultischer Verunreinigung ist in unserem religiösen Umfeld und in unseren westlichen Kulturen nicht vordringlich und spielt normalerweise keine Rolle. Das Phänomen aber, aus besonders hohen Ansprüchen, Idealen oder anderen vermeintlich höherstehenden Werten, das Unmittelbare nicht zu sehen und die spontane Hilfe zu verweigern, ist immer gleich. So könnte etwa das Motiv herangezogen werden, sich nicht mitschuldig machen zu wollen. Als Beispiel kann hier die leidenschaftliche Debatte über Schwangerschaftsberatung gesehen werden. Für viele christliche Organisationen und Helfende steht außer Frage, dass vor der Durchführung einer Abtreibung gewarnt und diese verhindert werden soll, denn niemand könne zugunsten einer Schuld beraten werden. Sollte sich eine Frau dennoch für einen Schwangerschaftsabbruch entscheiden, hat sie diesen Weg alleine zu gehen. Ich meine, dass es im Geist der Liebe wäre, in Beibehaltung der eigenen Ideale und Werte, die verzweifelte Lage der betroffenen Frau mitzutragen, sie in ihrer Entscheidung zu akzeptieren und sie in keinem Fall alleine zu lassen, auch wenn das eigene Leben belastet wird. Natürlich wird zu diesem Thema auch über die nötige Grenzziehung zu reden sein. Aber erst als zweiter Schritt und nicht von vornherein.

„Verunreinigen" im erweiterten Kontext verstanden hat dann etwas bleibend Aktuelles: In der eigenen Unbeschwertheit und den persönlichen Idealen (Tempeln) betroffen und belastet zu werden, ja, sogar aus Solidarität und aufrechter Nächstenliebe mitschuldig zu werden. Dietrich Bonhoeffer hat dies nicht nur beschrieben[56], sondern auch eindrucksvoll gelebt durch seine Mitbeteiligung am Mordversuch an Adolf Hitler. Diese dramatischen Beispiele müssen heruntergebrochen werden auf die Alltagserfahrung des Helfens in vielfältiger Form vom ganz konkreten Verunreinigt-Werden, z. B. in der Pflege, bis hin zur psychischen Belastung in der Krisenbegleitung, der Flüchtlingsarbeit[57] oder dem Mitaushalten mit Insassen in einem oft als willkürlich erlebten Gefängnissystem. Auf alle Fälle scheint der Wunsch nach „Unbeschwertheit" nicht in Erfüllung zu gehen, wenn man sich auf ein solidarisches Helfen einlässt. Der Esel in unserer Geschichte wird zwar die Last tragen, der Samariter allerdings hat dann keinen Platz mehr auf dem Rücken des Lasttieres und muss in der Hitze der Wüste zu Fuß gehen.[58] (Vor diesem Hintergrund spreche ich gerne von der „aggressiven Gemütlichkeit" der Österreicher, die subtil aggressiv ihr so hohes Ideal der sprichwörtlichen österreichischen Gemütlichkeit gegenüber Eindringlingen und Störern, wie etwa Fremden, verteidigen.) Helfen setzt die Bereitschaft voraus, sich innerlich oder äußerlich belasten zu lassen.

Vor diesem Hintergrund sind auch Regelungen als problematisch anzusehen, die ermöglichen, sich von Unannehmlichkeiten solidarischen Verhaltens freikaufen zu können: zum Beispiel die österreichische Regelung, die es Unternehmen ermöglicht, sich durch einen bestimmten Betrag der Pflicht zu entziehen, Menschen mit Beeinträchtigungen einzustellen, oder das „Flugscham-Gewissen" zu entlasten, indem man eine Ausgleichszahlung für den verursachten CO_2-Ausstoß leistet. Natürlich kann argumentiert werden, dass so zumindest ein finanzieller Ausgleich erfolgt. Dennoch scheint mir hier evident zu sein, dass vor allem vermieden werden soll, sich belasten zu lassen oder zu verzichten. Je vermögender man ist, desto weniger stellt eine finanzielle Entschädigung einen persönlichen Ausgleich dar. Aus meiner Sicht gleichen solche Vereinbarungen sehr einem Ablasshandel, nur auf weltliches, solidarisches Verhalten bezogen.

Kompetenz

Der Samariter reinigt die Wunden des Verletzten mit Alkohol und Öl – nicht nur zur damaligen Zeit adäquate Desinfektions- und Heilmittel zur Erstversorgung von Verletzungen. Es ist schwer zu sagen, ob dies zum gebräuchlichen „Verbandskasten" wie es heutzutage für Benutzer von Kraftfahrzeugen vorgeschrieben ist, zählte oder ob er speziell gut gerüstet war. Wie dem auch sei, der Samariter war nicht nur hilfsbereit, sondern auch fähig zur Hilfe und hatte sein „Werkzeug" dabei. Es steht auch nichts über seinen Beruf in der Geschichte, aber es deutet nichts darauf hin, dass er vom Fach, etwa ein Arzt, gewesen wäre. Vielmehr ist an einen Handelsreisenden zu denken, der den stark frequentierten und wegen seiner häufigen Überfälle berüchtigten Weg zwischen den Handelsstädten Jerusalem und Jericho benutzte. Er war also mit hoher Wahrscheinlichkeit kein „Profi", handelte aber professionell im Sinne von kompetent: unaufgeregt und sachgerecht.

So sehr empathische Wahrnehmung und Bereitschaft, sich belasten zu lassen, Voraussetzungen des Helfens sind, so sehr kommt es dann auf den Vollzug des helfenden Handelns an. Hilfsbereitschaft ohne Kompetenz kann gefährlich werden.

So wie der Samariter sein „Werkzeug" dabeihatte, so bedarf es gerade auch in jenen Bereichen des Helfens, die stark auf Beziehungsebene geschehen und mit wenig offensichtlichen Hilfsmitteln und Methoden auskommen, wie etwa in Beratungs- und Seelsorge-Kontexten, der Bereitschaft, sich Kommunikationstechniken und Methoden anzueignen. Gerade in diesen Bereichen muss der schmale Weg gefunden werden zwischen einer dilettantischen Hilfe „aus dem Bauch" heraus und einem Abschieben von Menschen, denen man Nächster ist, zu Spezialisten und Fachkundigen[59]. Ich spreche mich sehr für eine profunde Laienbildung aus, die sowohl um Kompetenz als auch um deren Grenzen Bescheid weiß. Skeptisch bin ich hingegen gegenüber dem Wort „professionell", das meist nicht nur für „kompetent" steht, sondern auch eine besondere Distanz und Abgegrenztheit im Sinne eines Nicht-betroffen-Seins mitschwingen lässt. Wahrhaft „professionell" scheint mir eher, sich betreffen zu lassen und mit großer Empathie zu handeln, sich aber von diesen Gefühlen nicht aus der Bahn reißen zu lassen. Unbetroffenheit und Kühle bei gleichzeitiger Sachkompetenz sind in diesem Sinn unprofessionell.[60]

Der Auftrag

In der Beispielerzählung wird das Opfer des Raubüberfalls als „halbtot" beschrieben. Es ist davon auszugehen, dass es bewusstlos, zumindest nicht ansprechbar war. Seine hilfsbedürftige Lage ist offensichtlich. Es handelt sich hier um einen Notfalleinsatz eines Sanitäters, der aktiv eingreift und die Auftragslage aus der Situation herleiten muss, ohne zu fragen. In diesem Fall scheint die Sache klar gewesen zu sein. In vielen anderen Fällen, in denen die hilfsbedürftige Person nicht für sich sprechen kann, ist dies oft sehr unklar, z. B. bei Demenzerkrankten, psychisch Kranken oder Menschen mit geistiger Einschränkung. Hier gilt es, mit großer Sorgfalt und möglichst in Absprache mit Fachkräften und Angehörigen Entscheidungen zu fällen und nicht vorschnell zu wissen zu glauben, was der andere braucht. Die Gefahr, eigene Bedürftigkeiten und Wünsche in den sprachlosen anderen hineinzuprojizieren, ist immer größer, als man selbst fühlt. Die Hilfe orientiert sich immer an den Bedürfnissen des Hilfsbedürftigen und nicht an jenen des Helfers. Deshalb ist die Frage nach dem Auftrag die zentrale Frage in der so sensiblen und anfälligen helfenden Beziehung. Je unklarer das Bedürfnis dessen, dem geholfen werden soll, zu formulieren ist, desto größer muss die Vorsicht und Achtsamkeit für die vermeintliche Bedürfnislage der betreffenden Person oder Personengruppe sein. Ein möglichst konziliares Vorgehen der Personen im Umfeld des Hilfsbedürftigen, in dem mehrere Wahrnehmungen zusammenfließen, beugt allzu subjektiven Entscheidungen vor.

In den überwiegenden Fällen kann das Bedürfnis und der Wunsch erfragt werden. In vielen Heilungsgeschichten, die von Jesus berichtet werden, spielt die Frage „Was willst du, dass ich dir tue?" eine zentrale Rolle. Besonders eindrücklich wird diese Frage fast zu einem Heilungsritual in der Geschichte der Heilung des Blinden zu Jericho (Mk 10,46–52). Bartimäus ruft laut nach dem Sohn Davids, ruft um Hilfe gegen den Widerstand der Besänftiger und Ordnungshüter. Er riskiert sich und zeigt sich in seiner Not. Das sollte doch genug Willensäußerung sein. Jesus aber kommt ihm keinen Schritt entgegen, sondern lässt ihn kommen. Bartimäus lässt seinen Mantel, quasi seinen Arbeitsplatz und seine Einkommensquelle zurück, setzt sich existenziell aufs Spiel und tappt blind zu Jesus, nicht wissend, ob er je wieder zu seinem Mantel finden wird. Auch diese existenzielle Äußerung seines Willens schien Jesus nicht zu genügen. Er fordert ihn auf, seinen Wunsch und seine Bitte auszusprechen. Es wirkt vordergründig fast zynisch, einen Blinden, der um Hilfe ruft, nach seinem Wunsch zu fragen. Aber nur so wird er in die volle Verantwortung gesetzt und wird nicht Objekt, sondern Subjekt des Heilungsgeschehens. Dies kommt zum Ausdruck in der Feststellung Jesu: „Dein Glaube hat dir geholfen."

Dieser Prozess in der erwähnten Heilungsgeschichte lässt gleichzeitig die Ernsthaftigkeit des Wunsches einerseits und das Ernstnehmen der Person in seiner Verantwortung andererseits erkennen. Die oft affekthafte helfende Reaktion auf einen vermeintlichen Hilferuf oder eine scheinbare Notlage läuft Gefahr, die Würde des anderen zu verletzen und ihn zum Almosenempfänger zu machen oder ihn darin zu belassen. Almosen und Spenden mögen in vielen Fällen ihre Berechtigung haben im Ausgleich der Güter und im Teilen des Wohlstandes. Ein ebenbürtiges Helfen auf Augenhöhe ist jedoch davon zu unterscheiden. Es trachtet danach, das Gefälle zwischen Gebenden und Nehmenden auszugleichen und die Würde beider Seiten gleichwertig zu sehen.

In meinen Workshops zum Thema „Hilfreiches Helfen" bitte ich Teilnehmende von positiven und negativen Erfahrungen vom „Helfen" zu berichten. Der überwiegende Teil der erzählten passiven, negativen Erfahrungen sind der Übergriffigkeit geschuldet, wenn Helfer, ohne zu fragen und ohne Auftrag die nach ihren Gutdünken angemessene Hilfe quasi aufzwingen. Besonders oft geschieht dies bei körperbehinderten Personen, denen man, ohne zu fragen, „unter die Arme" greift. Die Personen, denen auf diese Weise geholfen wird, fühlen sich mitunter in ihrer Integrität verletzt und auf eine Hilfsempfängerrolle reduziert. Umso bedeutungsvoller ist der Ansatz der „persönlichen Assistenz". Hier wird die auf Hilfe angewiesene Person zum Auftraggeber und Arbeitgeber.

Hilfsbereitschaft darf nicht in Misskredit gebracht werden. Sie zeigt sich aber in einem achtsamen Umgang, indem Hilfe angeboten, aber niemals nach eigenen Maßstäben aufgezwungen wird. Der Respekt vor dem Anderssein des anderen führt zu einer kritischen Distanz zur eigenen Annahme, die vorgibt zu wissen, was die hilfsbedürftige Person brauche. Unser Verstehen ist immer wesentlich von uns selbst geprägt und übersieht allzu schnell das Fremdsein der anderen:

verstehen
ich sehe dich
du anderer
dass ich dich verstehe
ist ein irrtum
ein irrtum
der uns verbindet
wie eine brücke
in ein fremdes land
eine brücke immerhin
ein schönes land
ein fremdes

Hilfsbereitschaft zeigt sich auch darin, Hilfe zu verweigern vor dem Hintergrund der aufrichtigen Frage: Was hilft wirklich? Eine Zurückweisung einer Hilfsbitte, die den Hilfesuchenden in einer fragwürdigen Rolle einer sich angeeigneten Hilflosigkeit[61] belassen würde, entspricht einer wahrhaftigen Hilfe eher als ein vorschnelles Reagieren auf die geäußerte Notlage, das mit dem Wohlgefühl des Bedankt-Werdens belohnt wird.[62] Angewandte Hilflosigkeit trägt die Macht der Manipulation in sich.

Besonders herausfordernd für potenzielle Helfer ist die Weigerung eines offensichtlich Hilfsbedürftigen, Hilfe anzunehmen. Alle beteiligten Personen sind sich vielleicht darüber einig, was jener brauchen würde, es ist ganz offensichtlich. Nur: Der Hilfsbedürftige will nicht. Hier gibt es wohl kein allgemeingültiges Rezept. Denn auf der einen Seite käme die Achtung der Willensäußerung des offensichtlich Hilfsbedürftigen, besonders dann, wenn er als zurechnungsfähig gilt, einer Form unterlassener Hilfeleistung gleich, da ja offensichtlich ist, dass hier geholfen werden muss. Auf der anderen Seite steht aber die Würde einer Selbstbestimmtheit, die es auch erlauben muss, gegen sich selbst handeln zu dürfen. Das sind dann schwere Konflikte, wenn ein persönliches Nahverhältnis besteht und es alle besonders gut meinen.

Besonders dramatisch kann sich ein solcher Konflikt in der Verweigerung von medizinischer Hilfe darstellen. Da weiß etwa die gesamte Verwandtschaft, dass in einer speziellen Erkrankung des Vaters unbedingt eine herkömmliche medizinische Intervention vonnöten wäre. Dieser aber ist überzeugt, dass ausschließlich Gebet und Meditation wirksame Mittel zur Heilung sind, denn allein der Glaube könne heilen.

Das Loslassen

Wie Jesus in der erwähnten Heilungsgeschichte so hilft auch der Samariter nur so viel, wie es dem Angewiesenen wirklich dient. Er braucht ihn nicht für sich. Er gibt ihn so bald wie möglich ab, lässt ihn aber nicht einfach fallen, sondern übernimmt Verantwortung für die weitere Hilfe, indem er eine finanzielle Basis schafft, die die weitere Behandlung ermöglicht. Er übernimmt Verantwortung und gibt Verantwortung ab.

Jedes Helfen ist eine Form von Beziehung, sehr oft ist es auch mit einer großen Nähe verbunden, unter Umständen mit einer wachsenden Sympathie. Aber jede wirkliche helfende Beziehung zielt auf deren Auflösung oder Umwandlung. „Jede helfende Beziehung ist intentional befristet.

Beendigung ist ihr erklärtes Ziel."[63] Anderenfalls entsteht eine Abhängigkeitsbeziehung, die den Hilfsbedürftigen als solchen belässt. Mehr noch: Die Hilflosigkeit wird das Bindemittel der Beziehung. Der Helfer nährt seinen Selbstwert an der Schwäche des anderen, der Hilflose wird für seine Schwäche „belohnt" durch Zuwendung und Fürsorge.[64] An dieser Stelle wird erneut die Wahrnehmung „in der Liebe" zur Geltung kommen: „Sehe ich wirklich den anderen und lasse ihn den anderen sein oder vereinnahme ich ihn für meine Bedürfnisse, vielleicht auch Ängste oder mein überzogenes Ich-Ideal als Helfer? Ist das Helfer-Sein eine Rolle, die eine Situation gebietet oder ist es zu meiner Identität geworden?" In eine Rolle schlüpft man und „entrollt" sich anschließend wieder. (In System- oder Familienaufstellungen schütteln die Repräsentanten die übernommene Rolle im Anschluss der Aufstellung ab, indem sie springen, auf ihren Körper klopfen und sich heftig bewegen, um wieder ganz das Eigene zu spüren.) Dazwischen aber lebt man diese Rolle authentisch. Das heißt, man ist in einer abgegrenzten Zeit gleichzeitig man selbst und der, den man „spielt" mit all den persönlichen Anteilen, die man zur Verfügung stellen kann, ohne dass die Rolle zur eigenen Identität wird. Diese ist bestimmt vom Sein in der Liebe und die Wahrnehmung wird von dieser geprägt, aber nicht von der Helferrolle. Zum Aspekt „Helfen" als Rolle im Gegensatz zu einer umfassenden Identität scheinen mir Aspekte aus zwei verschiedenen Bereichen hilfreich zu sein.

Zum einen ist es die Schauspielkunst, die sich wesentlich mit dem Thema „Rolle" auseinandersetzen muss. Hier ist besonders die intensive Auseinandersetzung der Schauspielschule um Konstantin Sergejewitsch Stanislawski[65] um das Thema „Rolle und Wahrhaftigkeit" zu erwähnen. In der geschilderten Arbeit mit Schauspielschülern in dem zweibändigen Werk wird die Gleichzeitigkeit von Authentizität und Rolle herausgestrichen. Die wahre Rollenübernahme stellt eben alles andere als das Mimen von fremden Gefühlen und Handlungen dar, sondern wirkt nur dann überzeugend, wenn sie im Augenblick der Darstellung die echten Gefühle und Äußerungen des Schauspielers wiedergeben. Eine Rolle „spielen" im Sinne eines wahrhaftigen und künstlerischen Anspruchs heißt eben: die Rolle im Augenblick „sein". Gleichzeitig geht das je eigene Sein nicht darin auf. Die Rolle ist nicht die eigene Person.

Ein anderer Aspekt von „Rolle" ergibt sich aus dem Bereich systemischer Psychotherapie, Beratung und Supervision: die systemische Strukturaufstellung. Hier übernehmen Repräsentanten Rollen aus einem Familien- oder Betriebssystem, aber auch Elemente eines inneren Geschehens (z. B. Entscheidungsvarianten oder sich widersprechende Gefühlsanteile). Durch einen naturwissenschaftlich noch nicht erklärten Vorgang werden Gefühle und Haltungen übertragen und authentisch gefühlt und ausgedrückt. So beginnt zum Beispiel ein Repräsentant zu weinen, eine andere Repräsentantin spürt Schmerzen. In einer augenscheinlichen Gleichzeitigkeit werden fremde und eigene Gefühle wahrgenommen in dieser spezifischen Rolle in dem jeweiligen System. „Fremd" und „eigen" fallen zusammen.

Vor diesen zwei Blickrichtungen aus der Schauspielkunst und der systemischen Strukturaufstellung wird noch einmal das Wesen der Rolle deutlich als ein authentischer Ausdruck der Person, der zeitlich begrenzt ist und nicht ihre Gesamtheit ausmacht.

Das Loslassen ist in jeder Beziehung ein wesentlicher Faktor. Oft wird es konnotiert mit „fallen lassen" und dagegen appellieren viele dann an das Verantwortungsbewusstsein. (Dahinter steckt sehr oft nichts anderes als Kontrolllust oder Verlustangst.) Es geht aber um das „Sein-Lassen", im Englischen: „Let it be." Das heißt, jemandem sein „Sein" zuzugestehen, ihm seine Würde der Selbstständigkeit und Selbstwirksamkeit zu lassen und diese zu fördern. Loslassen kann nicht immer einfach willentlich vollzogen werden. Der so oft gut gemeinte Appell „Du musst einfach loslassen!" beschreibt eher das Problem, als dass er zu einer Lösung führen würde. Denn im Loslassen werden tief liegende Ängste und Unsicherheiten angesprochen, die nicht ausreichend durch ein äußeres Verhalten besänftigt werden können. Letztlich kann das Loslassen nur in einem umfassenden Vertrauen gelingen, das wie das Doppelgebot der Liebe Gott, den Nächsten und mich umfasst. Hier dürfte wohl auch der Grund zu finden sein, warum viele helfende Beziehungen zu Verstrickungen führen. Sie berühren tief liegende Ängste und Gefühle der Minderwertigkeit und die Bedürftigkeit beider, des Helfenden und seines Adressaten und verknüpfen sich zu einem kaum zu entflechtenden Knoten.

Sehr oft werden Beziehungen, die eigentlich nicht per se helfende Beziehungen sind, als solche weiter geführt in Freundschaften oder auch unter Geschwistern. Gerade Freundschaft besteht aus einem Geben und Nehmen, ein beidseitiges Für-einander-da-Sein. Das muss nicht zu allen Zeiten ausgewogen sein, aber über einen längeren Zeitraum sehr wohl. Es geht hier auch nicht um ein Aufrechnen, sondern um ein Grundgefühl, *einander* zu brauchen und gebraucht zu werden auf Basis freundschaftlicher Zuneigung. Sollte der Ausgleich einer pseudo-freundschaftlichen Beziehung darin bestehen, sich darin wohlzufühlen, bedankt zu werden und als der oder die besonders Hilfreiche belobigt zu werden, ist diese Beziehung bereits auf dem besten Weg, zu einer Abhängigkeitsbeziehung zu werden. Augenscheinliche Ungleichheit, etwa im Falle einer Behinderung, ist besonders und genau dahin gehend zu betrachten, worin sich in diesem offensichtlichen Gefälle Geben und Nehmen widerspiegeln und wie sie sich im Gesamten einer Beziehung darstellen. So kann etwa ein Ehepartner pflegebedürftig und damit in einem angewiesenen Bereich abhängig werden. Es wird dann wesentlich auf die zugrunde liegende Haltung beider ankommen und auf die Liebe, die die Beziehung bisher getragen hat, ob eine partnerschaftliche Beziehung trotz der einseitigen Abhängigkeit bestehen bleibt oder nicht.

Noch deutlicher wird der Rollenwechsel von der Hilfe empfangenden zur helfenden Rolle im Fall der Fürsorge gegenüber pflegebedürftigen Eltern. Für beide Seiten stellt dies eine enorme Herausforderung dar. War man als Vater oder Mutter gerade noch fürsorglich für Kinder und Enkel da, muss man es annehmen, gerade von ihnen Hilfe zu empfangen, vielleicht sogar von diesen abhängig zu sein. Und umgekehrt muss es nunmehr ertragen werden, den sonst so fürsorglichen Vater und die starke Mutter so angewiesen und bedürftig zu sehen.

Da ist es hilfreich, die jeweilige Rolle, die jetzt geboten ist, einzunehmen, ohne im Innersten aus der ursprünglichen Rolle der Elternschaft bzw. des erwachsenen Kindes auszusteigen. Das ist im Wesentlichen ein innerer Vorgang der Grundhaltung, die sich dann im Konkreten äußern wird. Es bedarf einer inneren Elastizität, sich immer wieder in die helfende Rolle hineinzubegeben und sie dann wieder loszulassen, um nicht ganz in ihr aufzugehen und so immer Sohn oder Tochter zu bleiben.

Der Samariter bleibt nicht am Verletzten und so auch nicht in seiner Helferrolle hängen, vielleicht auch deswegen, weil schon seine Wahrnehmung „in der Liebe" war und nicht „in der Angst".

Die Kooperation

Der Samariter lässt das Opfer des Raubüberfalls nicht einfach fallen, sondern sein Loslassen manifestiert sich im Abgeben an den Wirt einer Herberge. (In allegorisch-christologischen Deutungen des Gleichnisses wird oft die Herberge als Kirche interpretiert.) Das Vertrauen, das ihn trägt, schließt das Zutrauen zu einem ihm (wahrscheinlich) Unbekannten ein. Er überlässt den Verletzten der Institution, die dafür bezahlt wird, und nimmt sich so vordergründig aus dem Beziehungsgeschehen heraus. Man könnte dies auch als ein Abschieben der Verantwortung verstehen. Das träfe dann zu, wenn er sich von Anfang an nicht eingelassen hätte auf die helfende Beziehung. Wie wir gesehen haben, ist dies nicht der Fall, sondern er lässt sich berühren und berührt. Abschieben wäre eine schützende Abwehr. Hier zielt das Handeln einerseits auf die bestmögliche und fachgerechte Versorgung und andererseits auf die realistische Wahrnehmung der eigenen Begrenztheit. Die Kompetenz, die der Samariter durch die Erstversorgung durch Alkohol und Öl anbieten konnte, schließt nicht automatisch die Wundpflege und weitere medizinische Behandlung ein. „Die Erzählung deutet an, daß Hilfsmotivation immer der Unterstützung einer sozialen Gruppe bedarf. In der Kirchengeschichte geschah in der Tat Hilfe, wenn sie belastbar und von Dauer sein sollte, vor allem dort, wo sie von Gruppen gestützt wurde, z. B. bei Nonnen und Diakonissen. Andauernde Hilfeleistung eines allein auf sich gestellten Individuums ist nicht tragfähig."[66] Institutionelle und bezahlte Hilfe wird oft als „kalt" oder lieblos bewertet und auch so erlebt. Gleichzeitig bedarf es auch aus der Sicht des Hilfsbedürftigen einer nötigen Distanz und Fachkompetenz, die nicht beziehungsorientiert ist, sondern sowohl der Diagnose als auch der Behandlung dienlich ist. Natürlich gehört es aus der Sicht der bezahlten Hilfskräfte hoffentlich auch zum Berufsethos, in angemessener zugewandter Haltung den Dienst zu tun, sei es im Pflegebereich, in der fachärztlichen Behandlung oder im therapeutischen Bereich. Dass hier der Hilfsbedürftige auch zum „Kunden" wird, also auch zur Existenz der helfenden Berufe beiträgt, hat etwas sehr Entlastendes, indem ein offensichtlicher Ausgleich entsteht. Beide Seiten sind offensichtlich Gebende und Nehmende, was in der unbezahlten, spontanen Hilfe bestenfalls erst auf den zweiten Blick ersichtlich ist. Das Abgeben in die institutionelle Hilfe ist neben der realistischen Selbsteinschätzung des Helfers unter Umständen auch eine Entlastung für beide Seiten.

Bemerkenswert ist aber die Aussicht, die der Samariter gibt, indem er zusagt, wiederzukommen. Das heißt, er gibt zwar den Verletzten an die Institution ab, spannt aber eine Beziehungs-Brücke, die sowohl ihn als auch den Wirt begleitet – ohne seine physische Präsenz. Er schafft damit einen Zeitraum, eine Begrenzung, so dass niemand in das Uferlose fällt. Er bleibt in Beziehung, aber nicht mehr in der unmittelbar helfenden, sondern spannt ein Beziehungsnetz, das alle entlastet und hält.

In der Zeit seiner Absenz und darüber hinaus überlässt der reisende Samariter die Behandlung des Verletzten zur Gänze dem „Fachpersonal" der Herberge. Das „Abgeben" des Hilfsbedürftigen ist nicht als ein problematisches Abgeben von Verantwortung im Sinne von „Verantwortungslosigkeit" zu verstehen, sondern die Verantwortung zeigt sich gerade darin, die eigene Begrenztheit wahrzunehmen und anderen, allzumal Fachpersonal, ihre Kompetenz zuzutrauen. Dies geht einher mit dem Verzicht auf Besserwisserei und gute Ratschläge. Bisweilen kann dies auch eine herausfordernde Gratwanderung bedeuten, etwa einen bislang anvertrauten Menschen in die „Hände der Schulmedizin" zu geben bei gleichzeitiger Kritik des dort üblichen biologistischen Menschenbildes. Es gilt, die Spannung einer Gleichzeitigkeit in der Verantwortung auszuhalten, die darin besteht, einerseits informiert und selbstbestimmt zu sein und andererseits die entscheidende Kompetenz beim Fachpersonal zu lassen.

Gerade in den letzten Jahren, die von der Pandemie und den damit einhergehenden behördlichen Verordnungen geprägt sind, steht das Vertrauen in Institutionen auf dem Prüfstand. Die Pandemie erweist sich als eine kollektive Überforderung, die es kaum zulässt, einer Institution oder der Politik zu vertrauen. Expertenmeinungen widersprechen sich zuweilen und mit „wissenschaftlichen Erkenntnissen" wird in alle Richtungen argumentiert. Wie auch immer man sich verhält, es bleibt einem durchschnittlich Gebildeten letztlich nichts anders übrig, als zu vertrauen, und sei es dem eigenen Körpergefühl. Und offensichtlich fällt es sehr schwer, anderslautende Entscheidungen bei eigener gegensätzlicher Überzeugung stehen zu lassen.

Das Misstrauen gegenüber Institutionen und offiziellen Einrichtungen ist weit verbreitet und eventuell auch begründet. Institutionen haben oft ihre offensichtlichen Mängel und wirken schnell anonym und unpersönlich. Die Problematik und die Mängel werden schneller gesehen als ihr Nutzen. Dieser fällt erst auf, wenn er wegfällt. Dahinter steht manchmal eine sehr individualistische Haltung, die eine Tendenz zur Überheblichkeit aufzeigt. Besonders gefährdet sind jene Bereiche, die sich schwer abgrenzen lassen und große Überschneidungsbereiche aufweisen, wie zum Beispiel Seelsorge – Beratung – Psychotherapie – Psychiatrie. Hier sind besonders eine wache Wahrnehmung, Wissen und Intuition vonnöten, um etwa zu entscheiden, wo es des Trostes, einer Veränderung in der Lebensgestaltung, einer tief gehenden Erkenntnis von Mustern oder medizinischer bzw. pharmazeutischer Hilfe bedarf. So ist oft die gebotene Aufgabe von Beratung, dazu beizutragen, dass die Person, die Hilfe braucht, medizinische Maßnahmen oder einen stationären Aufenthalt annehmen kann. Man führt in diesem Fall von sich weg und bleibt gegebenenfalls im Hintergrund präsent. Dies fällt oft beiden Seiten nicht so leicht.

Der eigene Weg

Der Samariter verspricht wiederzukommen, wenn er auf seinem Rückweg an der Herberge vorbeikommt. Das heißt, er verfolgt *seine* Route, *sein* Ziel. In Lk 10,33 heißt es, dass er „seines Weges ging"[67]. Es wird nicht angegeben, wohin ihn dieser führt und welche Absicht er verfolgt, das griechische Verb *hodeuo* beinhaltet das Substantiv *hodos* (Weg) und müsste genau genommen übersetzt werden mit „ich wege". Ein Weg stellt eine Verbindung von Orten, immer auch Ausgangsort und Zielort dar. Das Gegenteil wäre „weglos" oder in Verbform „umherschlendern" ohne Ziel, ohne Absicht.

Dieses absichtsvolle Unterwegssein des Samariters ist insofern von Bedeutung, als er sich zwar von dem Vorfall stören lässt, seinen Weg jedoch nicht aus dem Auge verliert. Die Störung ist zwar eine Unterbrechung seiner Reise, nicht aber der Verlust seines Ziels. Vor diesem Hintergrund wäre es mindestens so berechtigt vom „reisenden Samariter" wie vom „barmherzigen Samariter" zu sprechen. Vielleicht würde in dieser Beschreibung des Samariters das Wesen der Barmherzigkeit noch deutlicher zu Tage treten, da sie eben nicht die ursprüngliche Absicht darstellt, sondern diese stört und unterbricht. Denn das Wort Barmherzigkeit hat sehr oft im umgangssprachlichen Gebrauch den Klang eines almosenhaften Gehabes, das den Hilfsempfänger gleichzeitig beschenkt und beschämt.[68] Verstehen wir „Weg" als „Lebensweg", heißt dies auch, dass spontanes Helfen eine ungeplante „Störung" oder Unterbrechung des Weges bedeuten kann, nicht aber das Ziel beeinflusst. Negativ formuliert: Geht jemand nicht „seines" Weges, verfolgt er nicht einen Ruf, einen Auftrag oder ein Ziel, wird die Versuchung groß sein, die Hilfsbedürftigkeit dessen, der sich in diesen weglosen Weg stellt, als Ziel zu gebrauchen. Er soll dann ein Vakuum ausfüllen und wird zum Lebensinhalt des weglos Reisenden. Dass dies zu Abhängigkeitsbeziehungen führt, liegt auf der Hand.

Gleichzeitig gibt es helfende Berufe, die von Menschen angestrebt werden, die eben auch gerne helfen. Es wäre fatal, diese Absicht in Misskredit zu bringen und dahingehend zu verdächtigen, dass alle jene, die diesem Berufswunsch folgen, nur ihr inneres Vakuum füllen wollen. Menschen in helfenden Berufen sind eben nicht ziellos unterwegs, sondern gehen „ihres Weges" hinsichtlich ihrer persönlichen Kompetenzen und Begabungen, die sie zielgerichtet zur Verfügung stellen wollen. Im besten Fall stellt das professionelle Helfen nicht einen heroischen Altruismus dar, sondern die Freude am Umgang mit Menschen, am Erleben von Selbstwirksamkeit und von Sinn, so wie Techniker Lust an sachorientierten Inhalten haben. Menschen in helfenden Berufen gleichen als solche eher dem Wirt der Herberge in dem Gleichnis als dem reisenden Samariter.

Das Helfen kann also auch der jeweils eigene Weg sein. Gleichzeitig kann sich die „Störung" einstellen, die jenseits der verfolgten Spur als Ruf eine Antwort verlangt. Sie wird meist als Herausforderung und sehr oft als eine Versuchung, den eigenen Weg zu verlieren, erlebt werden. Das Helfen bleibt vor diesem Hintergrund ambivalent: Auf der einen Seite entspringt es unserem Verlangen, unserer Liebe zum Nächsten, der Achtsamkeit füreinander. Auf der anderen Seite bleibt es bisweilen „lästig", weil es in unseren Weg tritt, ungefragt und meist unerwartet. Diese Ambivalenz scheint wesensimmanent und von daher wichtig zu sein, um Hilfe mit Liebe geschehen zu lassen und dennoch auf das Nötige zu begrenzen.

Die „hilflosen Helfer" zeichnen sich auch gerade darin aus, dass sie keinen eigenen Weg gehen und kein eigenes Ziel verfolgen, sondern diese von der Hilflosigkeit eines oder mehreren anderen vorgegeben werden.

Ein eindrückliches Beispiel gab eine Insassin ab, die ich im Zuge meiner Seelsorgetätigkeit als Gefängnisseelsorger kennenlernte. Sie saß nunmehr zum vierten Mal ein. Sie sprühte vor Energie, packte überall an und machte einen dominanten Eindruck. Nach mehreren Gesprächen fiel mir zunehmend ein Muster auf: Etwa im Rhythmus von sechs bis acht Jahren brach immer wieder alles zusammen, was sie gerade aufgebaut hatte. Bei näherem Betrachten wurde deutlich, dass sie immer anderen geholfen und bis zur Erschöpfung gearbeitet hatte. Alle konnten alles von ihr haben und alle brauchten sie. Sie brauchten sie so sehr, dass sie sich auf „Hilfeleistungen" einließ, die betrügerischer Art waren. Sie wurde dann verurteilt, im Gefängnis erholte sie sich wieder und wiederholte danach ihr gewohntes Muster. Ich habe sie mit meiner Wahrnehmung konfrontiert. Sie fühlte sich merklich erkannt. Auf die Frage, wie dieses Muster angefangen haben könnte, erzählte sie mir ihre Lebensgeschichte: Ihr Vater hat nach einem schweren Motorradunfall sowohl den rechten Arm als auch das rechte Bein verloren. Als älteste Tochter wurde sie vom Vater dazu bestimmt, ihm wahrsten Sinne des Wortes „Stütze" zu sein. Fortan war sie die rechte Seite des Vaters und tätigte dessen Handgriffe und schlug dessen

Richtung ein. Eine eigene Bestimmung hätte den Vater zu Fall gebracht oder etwas getan, was dieser vielleicht nicht wollte. Es war am einfachsten, gar nichts Eigenes zu wollen, sondern einfach ausführendes Organ zu werden. Sie war die auserkorene Tochter des Vaters, dies war lange Zeit Ausgleich genug für sie. Allerdings blieb es ihr Lebensmuster lange nach dem Tod des Vaters, ausführendes Organ zu sein und den Willen anderer zu tun. Das „ersparte" ihr eigene Entscheidungen, eine eigene Richtung, ihr eigenes Leben zu führen.

So körperlich deutlich wird es selten, aber das ist eine wesentliche Seite problematischen Helfens, kein eigenes Ziel, keinen eigenen Weg, keine eigene Entscheidung zu verfolgen, sondern zur Krücke zu werden.

eigene wege

nur eigene

wege

können wir gehen,

meine liebe,

umarmungen

und abschiede,

meine liebe,

nur eigene

wege

spannen himmelsbögen

in den wind

farbenfest

richtung

bitterschöne einsamkeit
weg
durch zeitgestrüpp
wald der ereignisse

getragen die schritte

in eine richtung
die nie
von hand geschrieben
auf ein blatt

der fuß
auf der erde
ertastet sie
unter dem moos

Kapitel III – Zehn Kriterien für hilfreiches Helfen

Vorbemerkung

Anhand der Beispielerzählung vom „barmherzigen Samariter" konnten entscheidende Wesensmerkmale hilfreichen Helfens aufgezeigt werden. Im Folgenden geht es einerseits um eine praktische Vertiefung des bereits Gesagten, andererseits sollen einige noch nicht genannte oder anders formulierte Aspekte zur Sprache kommen. Die „Zehn Kriterien für hilfreiches Helfen" habe ich in mehreren Seminaren der Diakonie und Caritas und in einem Curriculum einer Ausbildung zur Lebens- und Sozialberatung sowie in zahlreichen Vorträgen formuliert und präsentiert. Abgesehen vom erstgenannten und letztgenannten Kriterium stellt die Reihenfolge keine Wertigkeit dar.

1. Die Liebe zu sich selbst

So wie die Beispielgeschichte des „barmherzigen Samariters" in das Gespräch um das Doppelgebot der Liebe eingebettet ist und nur vor diesem Hintergrund in der Tiefe erfasst werden kann, so scheint mir die Voranstellung der Liebe auch für dieses Kapitel unverzichtbar zu sein. Ich erhebe die Selbstliebe zum Thema – nicht, weil ich glaube, sie verdiene hinsichtlich der Gottes- und der Nächstenliebe einen Vorzug, sondern weil sie für unser Thema wahrscheinlich weniger selbstverständlich ist.

In vielen Diskussionen wird die Selbstliebe als Bedingung der Nächstenliebe dargestellt. Wer sich nicht selbst lieben kann, könne auch seinen Nächsten nicht lieben, wird dann behauptet. Ich halte diese Kausalität für zu kurz gegriffen. Sie wird dem Wesen der Liebe insofern nicht gerecht, als sie sich ihrem (göttlichen) Wesen nach über unsere irdischen Abhängigkeiten hinwegsetzt. Vielmehr verstehe ich sie als eine ständige Interdependenz, also gegenseitige Abhängigkeit, aller drei Dimensionen und in einer Gleichzeitigkeit, die herkömmliche Logik übersteigt. So ist auch an dieser Stelle, wie oben erwähnt, vom „Geist der Liebe" oder dem „In-der-Liebe-Sein" zu sprechen.

Bezugnehmend auf Emanuel Lévinas betont Henning Luther die Reziprozität menschlicher – und damit fragmentarischer – Ich-Identität: „Der jüdische Philosoph E. Lévinas sieht in der Verantwortung für den Anderen zuallererst den Ursprung für unsere Subjektivität. Verantwortlichkeit ist ihm zufolge nicht etwas, was erst eine starke, in sich gefestigte Persönlichkeit sekundär ausübt. Vielmehr entsteht unsere unverwechselbare Einzigartigkeit zuallererst aufgrund der Verantwortlichkeit für den Anderen, weil wir durch den Anruf des Anderen unvertretbar herausgefordert sind. Niemand kann an unserer Stelle antworten. Lévinas schreibt: ‚In der Tat ist die Verantwortlichkeit kein bloßes Attribut der Subjektivität, so als würde diese bereits vor der ethischen Beziehung in sich selbst existieren. Die Subjektivität ist nicht ein Für-sich; sie ist, um es zu wiederholen, ursprünglich ein Für-einen-Anderen.' (...) Weil das Ich also nur ist, weil und insofern es ‚offen' ist für den Anderen, kann es keine geschlossene, feste Identität des Menschen geben. Lévinas betont: ‚Einzig ein verletzliches Ich kann seinen Nächsten lieben.' (E. Lévinas, Wenn Gott ins Denken fällt, Freiburg/München 1985, 116). Unser Ich muß also fragmentarisch, offen und verletzlich sein, insofern es nur aus dieser Verantwortung für den Anderen lebt.‟[69]

Nichtsdestotrotz ist im Zusammenhang des Helfens die Liebe zu sich selbst insofern besonders zu thematisieren, als hier eine besondere Quelle verhängnisvoller Verstrickungen zu orten ist. Man könnte auch von „Selbstwert" oder negativ von „Minderwertigkeit" (im Adler'schen Sinn) sprechen. Ich entscheide mich aber für den Begriff „Selbstliebe" oder besser „Liebe zu sich selbst". Denn die Liebe ist wie das Vertrauen nicht teilbar: Wie dieses von einem Gottvertrauen ausgehend zu einem Dem-anderen-Vertrauen und Ihm-etwas-Zutrauen sowie zu einem angemessenen Selbstvertrauen führt, so mündet auch die Liebe zur Selbstliebe zurück. Ich würde noch einen Schritt weitergehen: Die Liebe kommt in der „Liebe zu sich selbst" zu einem heilvollen Ziel. Wenn ein Mensch sich selbst lieben kann, obwohl er sich besser als andere kennt und nicht nur nolens volens sich zu akzeptieren gelernt hat, dann geschieht Heilsames. Die Liebe schließt die Akzeptanz natürlich ein, weist aber auch auf eine Aktivität hin. Die Liebe zu mir selbst hat die gleichen Wesensmerkmale wie die Liebe zum Nächsten, wie etwa die Freundesliebe. Das Kriterium könnte sein, ob ich mit mir ebenso freundschaftlich umgehe, wie mit anderen, wie mit meinem besten Freund? Der liebevolle Selbstbezug ist wichtig dafür, dass Helfen hilfreich werden kann. Umgekehrt – und leider ist dies oft der Fall – kann das Helfen missbraucht werden zu einer überzogenen Aufwertung und einem Nähren des Ichs, sowohl im erwarteten Dankeserweis als auch (und das hat noch größere Folgen) in der erfahrenen Nähe, die mit der helfenden Beziehung einhergeht. Die Liebe zu sich selbst ist umfassend, was die eigene Person betrifft, und konkret. So schließt sie die Selbstfürsorge ein wie auch die Achtsamkeit dem eigenen Körper gegenüber, die Verteidigung gegen Entwürdigung und eine tiefe Dankbarkeit für das eigene Leben. Man könnte ein „Hohelied der Liebe zu sich selbst" anstimmen und würde den absolut mit sich versöhnten und glücklichen Menschen beschreiben. Aber an dieser Stelle sei besonders auf das Fragmentarische des menschlichen Lebens verwiesen. Die vollkommene Liebe ist die göttliche, uns ist in jeder ihrer Richtungen die menschliche und oft allzu menschliche beschieden.

Im Doppelgebot der Liebe wird unterschieden zwischen der umfassenden Liebe zu Gott („von ganzem Herzen, von ganzer Seele, von allen Kräften und von ganzem Gemüt", Lk 10,27) und der begrenzten Nächstenliebe, die gerade in der Liebe zu sich selbst ihr Maß findet.[70] Es besteht eine doppelte Interdependenz einerseits zwischen Nächstenliebe und Liebe zu sich selbst, andererseits zwischen der *maßlosen*, umfassenden Liebe zu Gott und der *maßvollen*, von menschlicher Begrenztheit geprägten Liebe zum Nächsten wie zu sich selbst. Dieses Maß in der zwischenmenschlichen Liebe kommt in der Geschichte des „barmherzigen Samariters" darin zum Ausdruck, dass dieser nur ein Stück seines Weges mit dem Verletzten teilt, seinen eigenen Weg aber dann fortführt, dass er der Kooperation im Helfen bedarf und dem Wirt nicht sein gesamtes Geld zur Verfügung stellt, sondern nur einen angemessenen Betrag. Gleichzeitig erfahren wir von seiner Gottesliebe gar nichts, so als wäre sie der selbstverständliche Hintergrund der Geschichte oder eben auch umgekehrt: Sie erweist sich im Handeln auf horizontaler, zwischenmenschlicher Ebene. Auf dieser spielt immer der Aspekt des Ausgleichs im Sinne von Gerechtigkeit eine wesentliche Rolle, wie etwa zwischen Geben und Nehmen, wir sprechen von „innerer Balance" und „Ausgeglichenheit" als anzustrebendem Gemütszustand.[71]

Der Wert der Liebe zu sich selbst scheint mir besonders verteidigungswürdig zu sein, wird sie doch oft als selbstsüchtig missverstanden. Ich würde behaupten, Selbstsucht und Egoismus sind das glatte Gegenteil einer Selbstliebe und eines gesunden Selbstbezugs, denn ihnen liegt ein Mangel, der unersättlich gestillt werden will, zugrunde, während die Liebe von einer – auf den anderen überfließenden – Fülle ausgeht. Der Mangel macht süchtig und übt eine bindende Kraft aus. Die Fülle dagegen hat eine lösende und ins Leben setzende Energie.[72]

In meinen Workshops verwende ich gerne zwei Selbsterfahrungsübungen zum Thema der Selbsteinschätzung in Bezug auf die drei verschiedenen Strebungen der Liebe. Zum einen schlage ich ein Gedankenexperiment vor: Angenommen, die Liebe wäre quantifizierbar – was per se eben niemals der Fall sein kann – wie würde ich die 100 Prozent der Liebe aufteilen zwischen Gottesliebe, Nächstenliebe und der Liebe zu mir selbst.? Die Frage ist natürlich nicht richtig oder falsch zu beantworten, sondern zielt darauf ab, zu erkennen, dass sehr leicht eine Strebung stärker als die andere betont ist. Dahinter steht die These, dass „In-der-Liebe-Sein" bedeutet, möglichst ausgeglichen oder in der

Mitte der Strebung zu sein. Jede einseitige Betonung hätte eine gewisse Symptomatik: Eine betonte Gottesliebe zeigt sich in Priester und Levit in der Gleichnis-Erzählung. Das Religiöse oder abgehoben Spirituelle übersieht den Nächsten. Eine Selbstliebe, die gegenüber den anderen Strebungen stark dominiert, würde sich durch eine Egozentrik zeigen, die sich selbst zum Thema hat. In den Kontexten, in denen ich oft arbeite, sind sozial motivierte Menschen meist in helfenden Berufen vorzufinden. Hier zeigt sich mit großer Mehrheit, dass die Strebung „Nächstenliebe" bei Weitem die höchste Ausprägung hat und die anderen, besonders aber jene der Selbstliebe, dominiert.

Natürlich ist diese Einschätzungsübung höchst ungefähr und ein wenig konstruiert. Hilfreicher ist, wenn die Selbsteinschätzung mit Fremdwahrnehmung ergänzt wird. Die Sichten können eventuell ziemlich divergieren, was zu lebendigen Gesprächen führen kann.

Dynamischer und aussagekräftiger ist eine Systemaufstellung, die ich mehrmals ausprobiert habe und jeweils die Rückmeldung erhielt, dass sie einen hohen Selbsterfahrungswert besitzt. Aufgestellt werden neben dem Fokus die drei Liebesstrebungen. Der Fokus ist die betreffende Person, um die es in der Aufstellung geht, in Bezug zur Fragestellung der drei Liebesstrebungen. „Gottesliebe" mag je nach religiöser Prägung schwer zu füllen sein. Dann gilt es mit der Person, die aufstellt, einen für sie stimmigen Begriff zu wählen, etwa die „allumfassende Liebe". In den Rückmeldungen der Rollen ergeben sich interessante Informationen. Zum Beispiel, dass die Selbstliebe keine Beachtung findet oder dass sie nur von der Gottesliebe gesehen wird oder dass die Nächstenliebe erst dann sich stimmig fühlt, wenn sie endlich auch die Gottesliebe im Blick hat. Und viele ähnliche Äußerungen. Wie in Strukturaufstellungen üblich, werden so lange die Positionen verändert bis sich zum Schluss alle Beteiligten am richtigen Platz und in sich stimmig fühlen. Der Fokus kann zu jedem Zeitpunkt, der günstig erscheint, durch die aufstellende Person ersetzt werden, damit das Empfinden des Prozesses noch direkter wirkt. Im anschließenden Gespräch kann der reale Bezug hergestellt werden.

2. Eigene Kompetenz und ihre Grenzen wahrnehmen

„Kompetenz" meint in diesem Zusammenhang auf der einen Seite Fähigkeiten, die in der eigenen Persönlichkeit quasi als Begabung liegen, auf der anderen Seite aber auch gelernte Fertigkeiten. Das Wissen um sich selbst – etwa um die eigene Herkunft und die damit verbundene Prägung, die eigene Art der Wahrnehmung und eventuell um wirksame Wunden, die sie beeinflussen ... – stellt die Basis der Kompetenz in der helfenden Beziehung dar. Aus diesem Grund scheint mir wichtig, dass der Anteil an Selbsterfahrung in den Ausbildungsmodulen zu helfenden Berufen entsprechend hoch ist. Es geht nicht in erster Linie darum, Kompetenz zu *haben*, sondern kompetent zu *sein* im Sinne einer sozialen Kompetenz.

Methoden sind immer nur so gut, wie jene, die sie gezielt und stimmig anwenden. Sie dienen dazu, erlernt, eingeübt und dann wieder vergessen zu werden, um sie dann aus der Intuition heraus anwenden zu können, spielerisch und leicht. Darin zeigt sich dann Kompetenz. Das hat allerdings auch zur Folge, dass man sich subjektiv sehr oft gar nicht so sicher und kompetent fühlt, weil man Vorgehensweisen, Methoden oder gar Rezepte zur Verfügung hat, sondern diese schlummern sozusagen in einem eher unbewussten Bereich, der aber sofort aktiv wird, wenn er gebraucht wird. Das Gefühl der Unsicherheit kann vor diesem Hintergrund sogar ein Merkmal von personaler Kompetenz sein, die auch darin besteht, sich auf unsicheres Gefilde einzulassen. So gehört es fast regelmäßig zur Erfahrung beim Leiten einer Familien- oder Systemaufstellung zu einem Punkt zu kommen, an dem man nicht mehr weiterweiß. Dies ist die unangenehmste Phase einer Aufstellungsarbeit. Sie auszuhalten und abzuwarten, bis sich eine Lösung auftut, die Ohnmacht zu ertragen, ist höchste Kompetenz. Die Angelegenheit an dieser Stelle mit altbewährten Tricks oder irgendwelchen Methoden einer Lösung zuführen zu wollen, kann der Dynamik Gewalt antun und unter Umständen Schaden anrichten.

Helfen ist auch dann ein Beziehungsakt, wenn der Hilfsempfänger weit weg zu sein scheint, wenn ich etwa durch eine Geldspende helfe. Es bleibt insofern ein Beziehungsakt, als der Helfende beteiligt ist und sich eben *so* einbringt und nicht anders und weil die Hilfe einen Adressaten hat, selbst dann, wenn man ihn nicht kennt. Zuerst kommt immer die Beziehungskompetenz und in zweiter Linie erst eine Sachkompetenz, die je nach Situation mehr oder weniger in den Vordergrund rückt. Beide Kompetenzen haben Gewicht. Im Umgang mit Kindern, geistig eingeschränkten Personen und alten Menschen wird besonders deutlich, wie sehr beide Kompetenzen einander bedingen. In der Schule etwa können die besten Methoden nicht wirksam werden, wenn nicht eine liebvolle Beziehung die Brücke bildet, über die das zu lernende Wissen an die Kinder gelangt. Hier wird nur etwas offensichtlich, was in jeder Kommunikation abläuft, nämlich dass die auf der Sachebene angesprochene Angelegenheit ohne Beziehungsebene kaum ankommt, wie Friedemann Schulz von Thun[73] eindrucksvoll gezeigt hat.

Hilfsbereitschaft ohne Sachkompetenz kann gefährlich werden sowohl für den Helfer als auch für die Adressaten der Hilfe. Zum einen deswegen, weil handfeste Fehler und falsche Ratschläge ... weitergegeben werden können, besonders dann, wenn sie spontan aus dem eigenen Erleben herrühren und das Anderssein des anderen nicht berücksichtigen. Zum anderen deswegen, weil die Grenzen der eigenen Fähigkeit und Beauftragung nicht erkannt werden. Das kann in beide Richtungen gehen: dass sich jemand zu wenig zutraut, sich gar nicht auf ein Helfen einlässt, weil „man ja nicht geschult sei". Dies kann ein Herunterspielen eigener persönlicher Fähigkeiten oder das Ausweichen vor Verantwortung oder mangelndes Vertrauen bedeuten. Aus Vorsicht nicht zu helfen, kann ebenso gefährlich und schädigend sein, wie falsch zu helfen oder zu weit zu gehen. Es könnte jemand allein gelassen und in der eigenen Bedürftigkeit missachtet werden. Zur eigenen Kompetenz zu stehen ist ein Akt der Demut, im Sinne des „Mutes zum Dienen" und entspricht nicht der Überheblichkeit, sondern der Bescheidenheit, zu dem zu stehen, was man ist und kann. Denn nur so kann auch Verantwortung übernommen werden. Und wahre Kompetenz zeigt sich immer auch im Wissen darum, wie begrenzt sie ist und wie sehr sie nicht nur durch eigene Leistung erworben, sondern viel mehr geschenkt ist, etwa als Begabung oder auch durch die geistigen und materiellen Möglichkeiten zur Fortbildung.

Die andere Seite ist die Selbstüberschätzung und damit verbunden das Überschreiten von Zuständigkeiten und Befähigungen. Die Grenzen sind nicht immer klar. Zum Beispiel wird im Bereich von Beratung zwar klar definiert, dass Lebensberatung keinen therapeutischen Auftrag hat im Sinne einer Heilung einer psychischen Krankheit, die nach einem standardisierten Manual diagnostiziert wurde, aber es versteht sich von selbst, dass der Übergang hier ein fließender ist und dass Beratung sehr wohl einen therapeutischen Effekt hat. Das Fachwissen etwa über Psychopathologie ist Voraussetzung, um entsprechende Grenzziehungen durchführen zu können.

Die Verantwortung dessen, der durch eine Hilfsbedürftigkeit eines anderen herausgefordert wird, erweist sich sowohl im spontanen helfenden Handeln als auch – im Wissen der eigenen Grenzen – im bewussten Nicht-Handeln. Es ist eine Frage der sozialen Kompetenz und einer gesunden Selbsteinschätzung, die Entscheidung treffen zu können.

Es bleibt festzuhalten: Hilfreiches Helfen heißt nicht immer professionelles Helfen. Professionelles Helfen heißt nicht immer hilfreiches Helfen. Spontanes, „laienhaftes" Helfen ist nicht ersetzbar. Denn alle Ausbildung der Welt kann die „Herzensbildung" nicht ersetzen.

3. Hilfe und Dank annehmen können

Wird das Helfen ein – über vorübergehende Rollen hinaus – bestehendes, wesentliches Merkmal einer Persönlichkeit, so kann sich dies auch darin zeigen, dass das Nehmen im Allgemeinen und das Annehmen von Hilfe im Besonderen schwerfallen. Die Rolle des Hilfsbedürftigen und Empfangenden wird um jeden Preis vermieden, da eben die gegenteilige eingeübt ist. Der Verlust der Helferrolle wird dann als Mangel an Souveränität oder als Machtverlust erfahren und Hilfsbedürftigkeit umso mehr als Kränkung des eigenen Ich-Ideals empfunden. Die mannigfaltigen Bereiche und Situationen des Lebens, in denen wir angewiesen sind auf andere, helfen uns, eine zwar hilfsbereite Person, aber keine Helferpersönlichkeit zu werden. Das Annehmen von Hilfe dient so zum einen dem notwendigen Ausgleich der Rollen, zum anderen aber auch dazu, sich immer wieder bewusst zu machen, wie das Helfen der anderen wirkt. Wer Hilfe annimmt, nimmt sich zunächst selber an in seiner jeweiligen Bedürftigkeit. Umgekehrt ist die Abwehr von Hilfe eine Ablehnung eines Angewiesenseins, sei es in einer besonderen Lebenssituation oder auch ganz generell.

Wenngleich auch die Ablehnung von Hilfe nicht immer eine generelle Tendenz von Helfern sein muss, so doch oft die Schwierigkeit, Hilfe in der jeweiligen Helferrolle anzunehmen. Dies kann als Eingeständnis eines Kompetenzmangels erlebt werden. Dabei ist doch gerade das Wissen um die eigene, begrenzte Wahrnehmung und das eingeschränkte Vermögen der Hinweis auf einen realistischen Blick - sowohl auf die eigene Person als auch auf eine spezielle Situation. Die Hilfe im Helfen kann durch andere Personen des eigenen Faches erfolgen oder von ergänzenden Fachrichtungen und Institutionen mit dem Ziel, dass dem Hilfsbedürftigen bestmöglich geholfen wird. Die begleitende Frage „Wer kann noch zur Hilfe beitragen?" ist so gesehen eine sich selbst relativierende und zugleich eine höchst sachgemäße Frage hinsichtlich der zu leistenden Hilfe.

Wesentliche Hilfe besteht daher darin, Hilfe so zu organisieren, dass angebotene Kompetenzen und Fachrichtungen optimal koordiniert werden. Bei einer Katastrophe kommt dem Einsatzleiter diese Rolle der Koordination zu. Sie ist beispielhaft auch für die alltäglichen, kleinen „Katastrophen", die ein Helfen verlangen. So wie ein Einsatzleiter eine große Distanz zum Geschehen bewahren muss, um den Überblick zu behalten, so gilt dies auch für herkömmliches Helfen: Distanz ist so hilfreich wie Nähe. Bewahrt die Distanz den Überblick, so ermöglicht Nähe Trost und Schutz. Beides zur rechten Zeit abrufen beziehungsweise durch andere ergänzen zu können, zeichnet kompetentes Helfen aus.

Das Einholen eines Feedbacks von Hilfsempfängern im Sinne einer Frage wie „Was hat Ihnen gutgetan?" kann dienlich sein, um Methoden oder Herangehensweisen zu verfeinern, trägt aber auch wesentlich dazu bei, den Hilfsempfänger in eine Position zu bringen, die auch ihn zum Helfer macht, so dass das Machtgefälle der helfenden Beziehung etwas ausglichen wird. Betroffene Hilfsempfänger sind oftmals die besten Lehrmeister der Helfenden. Vor diesem Hintergrund ist die Rollenzuschreibung von „Helfenden" und „Hilfsempfängern" nur noch eine rein äußerliche, die von einer inneren Haltung eines gleichwertigen Beziehungsgeschehens ersetzt werden kann. Henning Luther streicht dies im Hinblick auf seelsorgerliches Helfen deutlich heraus: „Die in den Grenzsituationen aufbrechenden Fragen und Probleme werden akut erfahrbar zuerst immer von jenen, die unter ‚Leidensdruck' stehen und uns anderen als hilfsbedürftig erscheinen. Es bedeutet aber Verdrängung, wenn wir – nach dem Delegationsprinzip –

uns als davon unbetroffen zeigen würden. Weil uns Gesunden, Starken, Lebenden (...) diese radikale Betroffenheit – dank erfolgreicher Verdrängungsleistung – so schwerfällt, müssen wir Unbetroffen-Bleibende allererst unsere Betroffenheit lernen. Darum kann es gegenwärtig notwendig sein, daß die immer vorherrschende asymmetrische Beziehung vorerst umgekehrt wird. Die ‚Helfer' lernen von den ‚Hilflosen', die Schwachen, Kranken, Sterbenden ... werden zu Lehrmeistern für die Starken, Gesunden, Lebenden (...)."[74] Dies gilt im umfassenden Sinn in der Qualifizierung des helfenden Handelns und noch viel mehr in Bezug auf die persönliche Auseinandersetzung des Helfers mit sich selbst.

Vor dem Hintergrund des Ausgleichs zwischen den Rollen der Helfenden und Hilfe-Empfangenden muss noch das Annehmen von Dank und Ausgleichshandlungen Erwähnung finden. Hinter dem Verweigern, Zeichen des Dankes anzunehmen, steht sehr oft der unbewusste Wunsch, in der Rolle des Überlegenen zu bleiben. Dieser kommt eventuell auch in Äußerungen zum Ausdruck, die das eigene Helfen herunterspielen, wie etwa „es sei ja nicht der Rede wert gewesen" oder ähnliche Phrasen. Frei ist ein helfendes Handeln dann, wenn es weder auf Dank angewiesen ist, noch Dank zurückweisen muss.

So kann auch die Bezahlung von Hilfe als Ausgleichshandlung gesehen werden. Zum einen kann sie als Dienstleistung wie eine Ware gekauft werden. Der Empfänger von Hilfsleistung wird so zum Auftraggeber und das Gefälle zwischen den Rollen wird weitgehend ausgeglichen. Zum anderen aber geht hier etwas von dem lebendigen und freiwilligen Austausch von Geben und Nehmen in einer Beziehung verloren, den das unprofessionelle Helfen oft in sich birgt und dem Rechnung zu tragen ist. Eine wesentliche Kompetenz einer hilfreich helfenden Person im professionellen Kontext und auch im alltäglichen, privaten, laienhaften Umfeld bleibt das gleichwertige *Nehmen*-Können neben dem Hilfe-*Geben*.

Eindrucksvoll wird der Ausgleich von Hilfe-Geben und Hilfe-Nehmen in Daniel Glattauers satirischer Novelle „Die Wunderübung" dargestellt: Ein Paar kommt zum Therapeuten. Es ist offensichtlich heillos zerstritten und in gegenseitigen Vorwürfen verstrickt. Der Therapeut versucht mit allen möglichen Übungen, die Wand, die zwischen den beiden besteht, zu durchbrechen. Doch immer wieder fallen sie zurück in Anklagen, Beleidigt-Sein und gegenseitige Zuschreibungen. Nach einer Unterbrechung der Sitzung simuliert der Therapeut eine eigene Ehekrise. Das gerade noch zu therapierende Paar mutiert zunehmend selbst in die therapeutische Rolle und wirkt auf den Therapeuten ein, findet zunehmend zusammen und verlässt schließlich in wieder gefundener Einheit den Therapieraum. Der Widerstand wurde durch die Umkehrung der Rollen durchbrochen, das Hilfe-Nehmen des Therapeuten wurde zur Hilfeleistung an das Paar.

4. Sich als Helfer helfen (lassen)

Nachdem das Helfen immer auch Beziehungsgeschehen ist, ist der Helfende stets mit seiner Person beteiligt. Als solches hat es einen mehr oder weniger relevanten Einfluss auf sein Leben.

Besonders eindrücklich und exemplarisch ist das standardisierte Verfahren des CISM (Critical Incident Stress Management)[75], das für Helfer nach belastenden Einsätzen eingesetzt wird. In Österreich haben sich diese Verfahren im Rahmen der Krisenintervention und Notfallseelsorge weitgehend im Rahmen der Feuerwehr durchgesetzt, etwas weniger aber im Bereich der Polizei, der Justizwache und bei anderen Einrichtungen und Berufsgruppen, die belastende Situationen durch belastende Sinneseindrücke (visuell, akustisch und olfaktorisch) verkraften müssen. Die Gefahr, dass sich hier Belastungssymptome manifestieren, wie Flashbacks, Schlafstörungen, lähmende Müdigkeit oder somatische Beschwerden, ist hoch einzustufen. Schädigungen können auch insofern sehr nachhaltig sein, als in vielen Fällen kein Zusammenhang zu einem belastenden Hilfseinsatz hergestellt wird. Auswirkungen können sich in weiterer Folge etwa in Suchtverhalten, Beziehungsschwierigkeiten und einem manifesten oder latenten Vermeidungsmuster zeigen. Die positiven Erfahrungen mit solchen strukturierten Verfahren nach belastenden Einsätzen zeigen, wie wichtig es ist, Psychohygiene sehr ernst zu nehmen. Auch dann, wenn die Belastung des Helfens objektiv nicht als hoch einzuschätzen ist, kann sie subjektiv „hängen bleiben". Ein wesentlicher Faktor für einen guten Umgang mit sich selbst als Helfer liegt darin, bewusst aus einer Situation des Helfens wieder auszusteigen und die Rolle des Helfers abzustreifen. Rituale oder Ablegen von Kleidung, die während des Helfens getragen wurden sowie Duschen oder bewusstes Ableiten übernommener Energie können dazu beitragen.

Ein wichtiger Beitrag, zu einer notwendigen Distanz zu helfenden Beziehungen zu kommen, stellt die Supervision dar: „Im beruflichen Kontext sind die Begriffe ‚Supervision‘ und ‚Coaching‘ relativ bekannt. Mit beiden Begriffen sind dort in der Regel Unterstützungsinstrumentarien für Menschen gemeint, die sich für die Gestaltung ihrer Arbeit ‚Überdenkzeiten‘ nehmen und diese professionell begleiten lassen.“[76]. Die drei Ziele, die für die Supervision im Umfeld von Psychiatrie, Psychotherapie und Psychosomatik von Walter Andreas Scobel für ausschlaggebend angeführt werden, halte ich auch allgemein für Menschen in helfenden Beziehungen für relevant:

- Introspektion (Innenschau) und Selbstöffnung
- Selbstreflektierende Analyse des eigenen (beruflichen) Handelns
- Auseinandersetzung mit der eigenen Person, aber auch mit den „Supervisions-Geschwistern“ und dem Leiter der Gruppe (Supervisor)[77]

Das Bewusstsein, Supervision zu benötigen, und der Wille, sie in Anspruch zu nehmen, sind ein Hinweis darauf, dass ein Problembewusstsein und eine Haltung vorliegen, die der Komplexität von helfenden Beziehungen angemessen sind. Umgekehrt wird in einer ablehnenden Position zum Angebot einer Supervision sehr oft eine unreflektierte und sich selbst überschätzende Haltung deutlich. (Daraus folgt der Schluss und die Erfahrung von Supervisoren, dass die, die Supervision am dringendsten nötig haben, diese nicht in Anspruch nehmen.) Das In-Anspruch-Nehmen von Supervision bedarf der Freiwilligkeit, nur so ist ein Sich-Öffnen für Feedback, Kritik und Hilfe möglich und ein Wissen um die eigene Begrenztheit, um die Vielfalt von manifesten und latenten Motiven und um die Anfälligkeit für Verstrickungen. Denn gerade Letzteres geschieht unbemerkt aufgrund von Projektionen und Beziehungsmechanismen, die von allen Beteiligten eines Beziehungsgeschehens ausgehen können. „Beziehungsfallen" sind gerade in ihrer Unsichtbarkeit wirksam. Supervision kann dazu dienen, sie rechtzeitig zu entdecken oder gegebenenfalls zu vermeiden.

Entscheidend ist die Haltung des Supervisanden. Er ist sich bewusst, dass das Beziehungsgeschehen des Helfens Beobachtung braucht. Daneben bietet die Supervision eine entscheidende Hilfe in der Wahrnehmung „des Falls" an. Zum einen sehen mehrere Augen mehr, zum anderen erkennt man aus einer Perspektive emotionaler Distanz neue Faktoren, die wesentlich sein können für die zu leistende Hilfe oder für die helfende Beziehung. So kann etwa das Augenmerk leichter auf systemische Faktoren gelenkt werden, die vielleicht das Problem mit beeinflussen.

Das regelmäßige In-Anspruch-Nehmen von Supervision stellt auch ein sorgsames Umgehen mit der eigenen Helferrolle dar: Es verleiht Sicherheit und die gedankliche Vorwegnahme der Supervision schärft die Wahrnehmung, etwa durch die an sich selbst gestellte Frage: „Was würde mein Supervisor oder meine Supervisorin fragen oder dazu sagen?" Dadurch wird in der Introspektion etwas von dem Perspektivenwechsel vorweggenommen, der in der tatsächlichen Supervision im Dialog eingeleitet werden würde. Supervision dient also der persönlichen Haltung. Sie schärft die Wahrnehmung der eigenen Helferrolle, der Beziehungsdynamiken, der Komplexität von Problemlagen und sie sensibilisiert für das weitere helfende Handeln.

Obgleich Supervision der Freiwilligkeit bedarf und nicht wirklich sinnvoll verordnet werden kann, liegt es dennoch an Arbeitgebern, Einrichtungen und Behörden, von ihren

Mitarbeitenden die Inanspruchnahme von Supervision zu erwarten oder insofern Anreize zu schaffen, als nur durch Nachweis von regelmäßiger Supervision ein Aufstieg in der Karriereleiter möglich ist. Letzteres würde dazu führen, dass die Selbstwahrnehmung geschärft und damit der Umgang mit einer Machtposition von Führungspersönlichkeiten sensibler gestaltet werden würde. In hierarchischen Systemen wie Polizei oder Justiz steht man, meiner Beobachtung nach, der begleitenden Supervision ambivalent gegenüber. Vielleicht liegt dies daran, dass Befehlsstrukturen wenig Spielraum geben für Selbstreflexion und Wahrnehmung eigener Gefühle und Bedürfnisse und so befürchtet wird, dass Reflexion und differenzierte Wahrnehmung dem Funktionieren eines Systems eher im Wege stehen. Dies ist kurzfristig nachvollziehbar, aber einer dauerhaften Berufszufriedenheit nicht dienlich.

Intervision, als eine gezielte, gegenseitige Begleitung von Personen in gleichen oder ähnlichen Arbeits- oder Beziehungsfeldern, stellt ebenso eine wichtige Möglichkeit dar, sich aus einer gewissen Distanz kritisch zu beobachten. Sie ersetzt allerdings nicht die professionelle Supervision, da nur dort eine besondere Distanz zu den thematisierten Inhalten garantiert ist und eine geschulte Wahrnehmung und ein methodisches Vorgehen erwartet werden können.

Eine der berührendsten Erfahrungen, die ich bisher in meiner Tätigkeit als Gefängnisseelsorger machen durfte, sei an dieser Stelle erzählt, in der es auch wie oben um Balance und Ausgleich von Geben und Nehmen und die Gegenseitigkeit im Helfen und Sich-helfen-Lassen geht: Herr W. war dem österreichischen Strafvollzug bekannt. Er galt als besonders schwieriger Fall. Ich lernte ihn schon bald nach Beginn meiner Tätigkeit im Hochsicherheitstrakt des Hochsicherheitsgefängnisses kennen. Herr W. hielt sich kaum an Regeln, schaffte es, immer wieder an Drogen zu kommen, und äußerte sich gemeingefährlich. Seine 20-jährige Haftstrafe wurde in den Maßnahmenvollzug übergeführt nach § 21/2 des österreichischen Strafgesetzbuches. Das bedeutet, dass eine Entlassung nur nach richterlichem Spruch und entsprechender Begutachtung erfolgen kann. Dies schien in seinem Fall aussichtslos.

Ich weiß nicht warum, aber irgendwie mochte ich diesen Mann, der nur wenig jünger war als ich. Und er mochte mich und freute sich, wenn wir uns trafen oder er den Gottesdienst besuchte. Er hatte einen eigenen Zugang zum Spirituellen. Er hatte eine Begegnung mit einem orthodoxen Priester, die ein gewisses Gefühl nach etwas Unsichtbarem und doch Wirksamem in ihm wachhielt, obgleich seine Prägung ganz von Ideologie und Praxis des Kommunismus geprägt war.

Herr W. wurde immer wieder in ein anderes Gefängnis verbracht, um Neuanfänge zu ermöglichen und unheilvolle Verbindungen zu durchbrechen. Schließlich landete er in der Akutstation einer Forensik, ehe er wieder verschickt wurde und wieder zurückkam ... Dort besuchte ich ihn regelmäßig und freute mich, ihn zu sehen. Er begann, mir immer mehr von seiner Geschichte zu erzählen, mehr als er jemals jemandem erzählt hatte. Ich durfte ihm – da er hinsichtlich seiner Intelligenz völlig unterfordert war – Literatur bringen, unter anderem auch über Meditation. Wir sprachen immer mehr über Gebet und Meditation auch als Möglichkeit, sich einzubringen in das soziale Leben – auch hier in seinem Haftraum. Einmal gestand ich ihm spontan, dass mir selbst leider viel zu wenig Zeit bleibt, um in Stille zu sein, zu beten oder zu meditieren. Unvermittelt sagte ich zu ihm: „Das könnten eigentlich Sie für mich tun! Sie haben so viel Zeit, ich habe viel zu wenig ... gleichen Sie mein Defizit doch ein wenig aus, beten Sie für mich!" Seine Haut verfärbte sich rötlich, seine Augen strahlten und er lachte: „Ok, das mache ich ..." Jedes Mal, wenn ich ihn besuchte, erzählte er mir stolz, er würde immer für mich beten. Und ich war wirklich auch dankbar dafür. Es ist schön, wenn man weiß, da betet jemand für einen. Und besonders berührend ist es, wenn es ein Schwerverbrecher ist, den alle schon aufgegeben haben.

Herr W. wurde in Österreich nicht mehr transferiert. Er veränderte sein Verhalten zunehmend und wurde zu einer großen Unterstützung der gesamten Station, in der sich besonders schwere Fälle versammeln, da sie nicht in den üblichen Wohngruppen geführt werden können. Hier nahm er sich um einen an, der für alle Beteiligten durch eine abgebaute Impulskontrolle und ein aggressives Verhalten schwer erträglich war. Stundenlang spielte er mit ihm Karten mit einer Eselsgeduld, die ihm kein Mensch zugetraut hätte. Er wurde kein „Heiliger", aber er hatte eine Aufgabe gefunden, auch darin, einem seiner Helfer zu helfen, indem er für ihn betete.

Noch einmal wurde er – nach langem Ringen – verbracht: in sein Heimatland. Hier besteht die Hoffnung, dass er doch noch einmal das Gefängnis beziehungsweise die Forensik verlassen wird können. Von da aus ruft er mich immer wieder mal an. „Ich bete immer noch für Sie", sagt er dann.

5. Ressourcen kennen und in Anspruch nehmen

So sehr jede Beziehung vom Geben und Nehmen geprägt
ist und nicht hundertprozentig eindeutig in Sender und
Empfänger eingeteilt ist – da immer auch der Helfer ein
Nehmender und der Hilfsempfänger ein Gebender ist –, so
sehr sind doch die Anteile in der Regel nicht ausgewogen.
Es mag sein, dass emotional nicht unmittelbar wahrnehm-
bar ist, wie sehr eine helfende Beziehung auch zehren kann.
Der psychische Kraftaufwand lässt sich nicht so ablesen
wie ein körperlicher, wenn etwa die Muskeln mit Über-
säuerung auf große Anstrengung reagieren. Aber auch die
Psyche reagiert auf einseitige Belastung, nur unmerklicher
und vieldeutiger. Umso wichtiger scheint mir nicht nur eine sensible Selbstwahrnehmung, sondern auch das Wissen
um eigene Ressourcen zu sein. Die Frage „Was nährt mich?"
oder „Woher beziehe ich meine Kraft?" ist in zweierlei Hinsicht von großer Bedeutung. Wer die Quelle kennt, findet
den Weg zu ihr. Das Wissen darum, was mir Kraft und
Freude bereitet, ermöglicht ein gezieltes und verantworte-
tes Nutzen der Ressourcen. Manche Quellen sind versteckt,
sind aber dennoch nährend vorhanden. Oft sind es kleine
und völlig unscheinbare Tätigkeiten oder Verhaltensweisen,
die unbewusst verlaufen, die aber längst eingesetzt werden,
um Luft zu holen. Sie zu entdecken, ermöglicht die besse-
re Nutzung, lässt den jeweiligen Selbstregulierungsmodus
erkennen und entlastet auch insofern, als erkannt wird,
dass man einer etwaigen Überforderung auch unbewusst
ausgleichend entgegenwirkt. So bin ich mir nicht sicher, ob
manches Abhalten einer Rauchpause einem Nikotinentzug
oder Gewohnheit geschuldet ist oder nicht doch viel mehr

einem Bedürfnis nach kurzer Unterbrechung. Dies zu erkennen und sich einzugestehen könnte (zumindest in der Theorie ...) auch dazu dienen, sich alternative Formen des Unterbrechens anzueignen.

Manche Tätigkeiten – wie etwa das Reisen – können als Zusatzbelastung oder als Erholung gedeutet werden. Es obliegt also bis zu einem gewissen Grad auch der eigenen Bewertung, was Ressource oder Belastung ist. In meiner Aufgabe als Gefängnisseelsorger in verschiedenen Haftanstalten in Niederösterreich muss ich viel Auto fahren. Zweifelsfrei fordert dies auch Konzentration und eine gewisse Anstrengung. Es liegt auch an mir, dies in erster Linie zu betonen, oder aber die Zeit in meinem Auto als eine Ressourcenzeit zu definieren, in der ich in schöner Landschaft, besonderen Lichtverhältnissen und bei wohltuender Musik sitzend unterwegs bin in einer besonderen Form von Stille.

Zudem ist die Gefahr, zu wenig auf eigene Ressourcen außerhalb der helfenden Beziehung zu achten, insofern groß, als das Geben zu sehr zum Nehmen wird und so Abhängigkeitsverhältnisse entstehen. Ich brauche dann mein Helfen für mich selbst, der Dank des anderen wird zum Labsal und bei dessen Ausbleiben wird die Enttäuschung groß sein. Der Mangel an Ressourcen führt dazu, dass helfende Beziehungen eine Sogwirkung erzeugen, die dem Helfenden die Kraft anfänglich unbemerkt, dann aber dramatisch schnell entziehen können. Man spricht dann von Burn-out.

Wie die Ressourcen sich gestalten, hängt sehr vom Menschentypus und vom jeweiligen Lebensstil ab. Je ausgewogener und vielfältiger das Leben gestaltet wird, desto bewusster kann man Kraft tanken. Die Kraftquellen liegen im

Spirituellen (Gebet, Meditation, Stille, Gottesdienst, Singen ...), im Körperlichen (Sport, Sexualität, gutes Essen ...), in der Natur (spazieren gehen, wandern, betrachten ...), in ausgewogenen Beziehungen (Partner, Familie, Freunde ...) und im Schöpferischen (künstlerisches oder handwerkliches Tun, Garten ...). Es ist sinnvoll und hilfreich, auf die psychische Belastung helfender Beziehungen auf der Ebene des Körpers zu reagieren, um so indirekt auf die Psyche einzuwirken, indem eine körperliche Entspannung herbeigeführt wird, die auf das psychische Befinden rückwirkt. Auf körperlicher Ebene kann ich etwas *tun*. Ich kann mich etwa entscheiden, in einem Fitnessstudio Ausgleich zu suchen, zu joggen oder einen anderen Sport zu betreiben. In meiner Tätigkeit als Seelsorger kommt es sehr darauf an, sensibel zu sein im Zuhören und im Reden, immer sind Feinfühligkeit und bisweilen die Zurücknahme eigener Bedürfnisse gefragt. Besonders der Umgang mit Aggression muss angemessen dosiert sein zwischen Wahrnehmung und Eingestehen entsprechender Gefühle und einem achtsamen und klugen Umgang mit ihnen. Da tut es sehr gut, in der Freizeit sich ganz unsensibel „auszupowern" in harter Waldarbeit, Schitouren oder anderen Anstrengungen.

Neben dem „Tun" als Ressource ist das „Lassen" nicht weniger wichtig. Das „Lassen" im Sinne von „Loslassen" oder „Geschehen-Lassen" entspringt einer spirituellen Grundhaltung. In Meditation, Ritualen und Gebet werde ich in einer besonderen Gleichzeitigkeit gewahr, dass ich besonders wichtig und ganz unwichtig bin. Es kommt paradoxerweise auf mich insofern an, als es nicht allein auf mich als Helfenden ankommt. Ich übergebe das helfende Beziehungsgeschehen innerlich einem größeren Geschehen, wie auch immer ich es nennen mag. Für mich ist es die göttliche Liebe. Sie ist es, die letztlich helfend und heilend wirksam wird und mich vor Überverantwortung befreit und mich in das Maß von Verantwortung führt, das sowohl mir als Helfenden als dem Empfänger von Hilfe gerecht wird. Das Erkennen eigener, menschlicher Begrenztheit kann mich entlasten und öffnet mir immer wieder die Augen für das größere Ganze, gerade dann, wenn emotionale Eindrücke laut sind in mir oder mich die Einsicht in meine Unzulänglichkeit blockieren will.

Der Umgang mit eigenen Ressourcen ist weder als eine Art „Belohnung" zu gestalten noch als eine weitere Aufgabe, die nach der helfenden Arbeit fallweise noch geleistet werden soll. Sie ist wesentlicher Bestandteil von helfenden Beziehungen, besonders dann, wenn sie mit dem Beruf in Verbindung stehen.

Das Nützen von Ressourcen hat sowohl reaktiven als auch präventiven Charakter. Es begleitet und umgibt das helfende Tun. Dabei ist fraglos das Eingebettet-Sein in freundschaftliche und kollegiale Beziehungen und in verlässliche Strukturen eine der wesentlichsten nährenden Komponenten. Eine Burn-out-Symptomatik entsteht in den seltensten Fällen allein durch eine Überbelastung in einem Arbeitsfeld, sondern fast immer in Kombination mit fehlenden Beziehungsressourcen. Martin Luther nennt in den Erläuterungen zum „Kleinen Katechismus" die notwendigen Mittel „fromme Gehilfen, fromme und treue Oberherren, Zucht, Ehre, gute Freunde, getreue Nachbarn und desgleichen"[78]. Nützen von Ressourcen bedeutet, helfende Beziehungen verantwortlich zu leben.

6. Unterscheidung von
Mitgefühl – Mitleid – Liebe

Der „barmherzige Samariter" unterscheidet sich in erster Linie von den Männern des Kults dadurch, dass er sich einlässt. Der Anblick des Halbtoten erschüttert ihn. Er zeigt Empathie. Mitgefühl veranlasst ihn zu handeln. Vielleicht kann darin schon ein wesentlicher Unterschied zwischen initiierendem Mitgefühl und anhaftendem Mitgefühl – das ich als Mitleid bezeichnen würde – erkannt werden: das eine initiiert und motiviert zum Handeln, das andere hingegen erschwert es und lähmt, weil das fremde Leid zum eigenen gemacht wird und es so in die Handlungsunfähigkeit führt. Eine Haltung anhaftenden Mitgefühls oder Mitleids führt allzu leicht dazu, den anderen (ungewollt) zu demütigen. Dies kann geschehen zum einen, indem er auf sein Leid reduziert wird. Da wird etwa die Behinderung oder der Schmerz gesehen, aber nicht das Geheimnis der gesamten Person. Zum anderen führt anhaftendes Mitgefühl leicht dazu, vermeintlich zu verstehen und wissen zu glauben, was des anderen Leid sei. Er lässt den anderen nicht anders sein, sondern nimmt ihn hinein in den eigenen Erfahrungshorizont und ins eigene Weltbild und wird so grenzüberschreitend. Er reagiert – etwas überspitzt gesagt – nicht wirklich auf das Leid des anderen, sondern auf die Störung in seinem Wunsch nach Unversehrtheit und Harmonie und die damit verbundene Angst. Er wird zum Teil des anderen und der andere ein Teil von ihm. Es gibt dann zwei Leidtragende.

Heilvolles Mitgefühl hingegen initiiert die Handlung. Die Liebe gibt dann den anderen frei. Sie lässt dem anderen die Würde, sein Schicksal zu tragen und zu meistern und mischt sich nicht selbst ein, sondern unterstützt und hilft dem anderen nach dessen Bedarf. Sie sieht den ganzen Menschen, sieht sein unsichtbares, eigentliches Sein, ahnt das Geheimnis seiner Person und lässt ihm damit seine unantastbare Würde. Die Liebe birgt etwas Transpersonales in sich. Das „In-der-Liebe-Sein" vertraut alle Betroffenen einer höheren Liebe an und lässt so sich selbst und den anderen frei.

Die Wiener Psychotherapeutin Christl Lieben geht in ihrem sehr persönlich gehaltenen Buch „Die Liebe kommt aus dem Nichts"[79] auf die begriffliche Unterscheidung von anhaftendem Mitgefühl und Liebe ein und prägt eine zunächst irritierende, dann aber erhellende Formulierung: „Liebe frei von Mitgefühl". Irritierend wäre sie dann, wenn hier „ohne Mitgefühl" stände oder gemeint wäre.[80] Das wäre Unsinn. Mitgefühl und Empathie sind spontane Reaktionen, im wahrsten Sinne aus dem „Bauch heraus", bedingt durch Spiegelneuronen und Veranlagung, instinkthaft und zur Handlung motivierend. Die Liebe „frei von Mitgefühl" bedeutet, dass sie über die eigene Betroffenheit hinaus geht und den anderen in seinem Geheimnis des Andersseins lässt. Zugespitzt könnte man sagen: Die Liebe sieht in ihrem Licht wärmender Klarheit gleichzeitig das Hässliche des Leids des anderen und ahnt die Schönheit seines eigentlichen Wesens, das einer äußeren Betrachtung verborgen bleibt. Sie sieht hinter die Kulisse augenscheinlicher Hilfsbedürftigkeit des anderen und anerkennt diese als einen Teil seiner menschlichen Würde. Sie sieht den anderen nicht allein in dessen Mangel, sondern in dessen Fülle.

Um den Unterschied zwischen anhaftendem Mitgefühl und Liebe erfahrbar zu machen, empfiehlt Christl Lieben eine Trancearbeit. Im Zustand körperlicher Entspannung, tiefen Atmens und Loslassens stelle man sich einen Menschen vor, dessen Situation und Not sehr zu Herzen gehen. Man fokussiere diese Person und lege all den Schmerz, der angesichts des Leids ausgelöst wird, in sie hinein. Man spüre die Ausweglosigkeit und die volle Härte des Schicksals. Man schaue die Person nun mit all dem aufkommenden Mitgefühl an: den Gesichtsausdruck, die Körperhaltung, die Farben, die das Bild umgeben, man lasse die gesamte Atmosphäre auf sich wirken. Jetzt lasse man das gesamte Mitgefühl, das sich eingestellt hat, auf diesen Menschen innerlich fließen und beobachte, was dies bewirkt: Wie sieht diese Person jetzt aus? Wie fühle ich mich? Wenn dieser Anblick und dieses Gefühl ganz präsent sind, dann löst man sich wieder, um dann ein neues Bild in der Trance entstehen zu lassen. Jetzt lässt man innerlich die Liebe frei von Mitgefühl, jene, die über allem steht, zum Gegenüber in ihrem Schicksal fließen. Wie sieht diese Person jetzt aus? Wie geht es mir als Betrachtender? Das Schicksal bleibt unverändert, aber der Gesichtsausdruck, die Haltung, die gesamte Atmosphäre ändern sich. Jetzt wird die Person in ihrer Würde gesehen und in aller Last des Schicksals bleibt sie dennoch aufrecht. Die in Trance betrachtende Person empfindet in allem Leid eine Ruhe und Gelassenheit, ein Gehaltensein in der göttlichen Liebe, ohne dass das Leid beschönigt wird.

Im Anschluss an diese Übung, die das Leid eines Gegenübers fokussiert, kann eine eigene belastende Situation in gleicher Abfolge in Trance betrachtet werden. Dies hat sehr oft zur Folge, dass Kraft zurückkommt und man sich in

Würde innerlich aufrichtet. Diese Übung ist auch insofern sehr hilfreich, als auch die Erinnerung an sie in aktuellen Situationen abrufbar ist und so Verstrickungen vermieden werden können.

Besonders deutlich wird in dem von Christl Lieben angewandten Aufstellungsformat „Liebe frei von Mitgefühl" (das hier nicht näher ausgeführt werden kann), wie sehr das anhaftende Mitgefühl das eigene Erleben und oft schmerzhafte Erfahrungen ins Spiel bringt und mit dem Leid der anderen vermengt. Dadurch wird der Blick auf das leidende Gegenüber verstellt, was bisweilen entweder eine übermäßige „Hilfeleistung" oder eine Handlungsunfähigkeit bewirkt. Die Erfahrung, von Mitgefühl geradezu überwältigt zu werden, hat oft mehr mit meinem Leben, als mit jenem der anderen Person zu tun. Das können ähnliche Erfahrungen sein, die durch das Gegenüber getriggert werden, es können Ängste angesprochen werden, die mich ohnedies schon plagen oder mich in das Bedürfnis, ein Retter sein zu wollen, an ein Ich-Ideal binden.

7. Reflexion eigener Bedürfnisse

Vor dem Hintergrund des von Alfred Adler geprägten Menschenbildes ist der Mensch immer auch von einem Machtstreben angetrieben. Nachdem der Begriff der Macht negativ konnotiert ist und er auch oft als Gegensatz zum Gemeinschaftsstreben verwendet wird, scheint es mir in diesem Zusammenhang angebrachter und neutraler formuliert zu sein, von der Freude am Gestalten oder von Gestaltungslust zu sprechen oder psychologisierend von der

Selbstwirksamkeit. Wie auch immer, entscheidend ist die Bereitschaft zur Selbstreflexion darüber, wie hoch der Anteil der jeweiligen Erfahrung von Selbstwirksamkeit ist, der von helfenden Beziehungen stammt. Nimmt sich jemand hauptsächlich deswegen selbstwirksam wahr, weil er dies durch sein Helfen erfährt, liegt wahrscheinlich eine Schieflage vor, die problematische Auswirkungen haben kann und eine Neigung zur gegenseitigen Abhängigkeit aufweist.

Nachdem solche Anteile weder eindeutig quantifizierbar noch qualifizierbar sind, ist es gerade auch an dieser Stelle wichtig, die gründliche Selbstreflexion durch Fremdwahrnehmung in Feedback und Supervision zu ergänzen. Die positiv gestellte Frage „Wo erlebe ich meine Gestaltungsfreude/Selbstwirksamkeit/Macht?" kann wesentlich dazu beitragen, die eigene Vielfalt wahrzunehmen oder eben den Mangel an dieser. So kann zum Beispiel die Freude an der Gartenarbeit, an handwerklichen Tätigkeiten oder Mitgliedschaft in einem Vorstand ... etwas Bedeutung-Gebendes darstellen und helfende Beziehungen von dieser Bedürftigkeit „entlasten".

Dabei geht es nicht darum, sich die Freude am Erleben der eigenen Selbstwirksamkeit beim Helfen zu versagen oder alle Motive durchleuchten zu wollen und einen Purismus anzustreben, der ja wieder nur sehr egozentrisch wäre. Sondern im Gegenteil: Es geht um die gute Verteilung der Bestätigungsquellen und eine gesunde Freude an sich selbst, die letztlich in einer Dankbarkeit gründet, darum wissend, dass das eigentlich Wirksame jenseits der eigenen Verfügungsgewalt liegt. Wer sich in seiner Selbstwirksamkeit erfährt und diese als ein Geschenk und eine Begabung versteht, wird sie positiv verantworten und nicht zum Machtmissbrauch nützen. Es wäre eine gesunde Form von Bescheidenheit, die eigene Kraft als Gabe zu nehmen, zu verantworten und zu geben. Es ist ein höchst fragwürdiges Ethos, sich „nicht wichtig zu nehmen", wie oftmals in verschiedenen, moralisierenden, pädagogischen Ansätzen vermittelt wurde. Nur wer sich selbst wichtig nimmt, kann sich auch zurücknehmen und die Gefahr, dass das Sich-wichtig-Nehmen durch die Hintertür im Helfen sich ihren Raum verschafft, ist wesentlich geringer. Anders gesagt: Wer sich nicht wichtig *nimmt*, läuft leichter Gefahr, sich wichtig zu *machen*.

Es ist aus eigener Beobachtung wie auch aus der Literatur hinlänglich bekannt, wie Menschen aus ihrem mangelnden Selbstwertgefühl beziehungsweise einem subtil wirksamen, aber ausgeprägten Minderwertigkeitsgefühl agieren, wenn sie etwa in Uniformen gesteckt oder in spezielle Rollen gebracht werden. Die grantelnde Hausmeisterin ist die harmlose, bisweilen liebenswürdige Variante, der Diktator die abscheuliche.

Analog zu dem Bedürfnis nach Selbstwirksamkeit verhält es sich auch mit anderen Bedürfnissen, wie jenem nach Nähe. Besonders in seelsorgerlichen Beziehungen kann es auch zu einer großen Nähe der Beteiligten kommen. Wird das Bedürfnis nach Nähe nicht auch in anderen Beziehungen, wie Partnerschaft, Freundschaften, Familie ..., erfahren, laufen Helfer Gefahr, die seelsorgerliche Beziehung zu missbrauchen, und schaffen gegenseitige Abhängigkeit. Nur im Wissen um die eigenen Bedürfnisse und in einem bewussten Umgang mit diesen kann eine heilvolle Nähe im angemessenen Rahmen zugelassen und nutzbar gemacht werden.

Dass gerade vor dem Hintergrund mangelnder Nähe-Erfahrung im Kontext helfender Beziehungen auch körperliche, bisweilen sogar sexuelle Bedürfnisse hochkommen, ist nicht verwunderlich. Dies erklärt auch sexuelle Übergriffe, die in diesem Kontext immer wieder passieren. Es gilt nicht nur darin achtsam zu sein, in sich diese Bedürfnisse rechtzeitig wahrzunehmen, sondern auch dafür zu sorgen, möglichst dem Bedürfnis nach Nähe in den Beziehungen in Partnerschaft, Freundschaft und Familie angemessen Raum zu geben. Menschen in helfenden Beziehungen, die besonders nach Nähe hungern, gefährden sich und das Gegenüber. Begleitende Supervision kann dazu beitragen, ausgeprägte, aber versteckte Bedürfnisse nach Nähe in helfenden Beziehungen offenzulegen. Damit verlieren sie an verhängnisvoller Wirksamkeit.

Neben den Bedürfnissen nach Gestaltung bzw. Macht und Nähe gilt es auch dem Bedürfnis nach Intensität Aufmerksamkeit zu schenken. Sowohl die Unterhaltungsindustrie als auch Presse und Journalismus reagieren auf das Bedürfnis der Rezipienten, sich und das Leben zu spüren – am besten in sicheren Gefilden auf der Couch. In vielen helfenden Beziehungen und Einsätzen wird besondere Intensität erfahren. Umgangssprachlich werden oft Helfer herabwürdigend als „Adrenalin-Junkies" bezeichnet. Das trifft in manchen Fällen auf Sanitäter, Feuerwehrleute oder Soldaten zu. Auch in meiner Tätigkeit als Gefängnisseelsorger bin ich einer besonderen Intensität ausgesetzt. Nicht nur, was Begegnungen mit Insassen angeht, sondern die gesamte Situation des Justizvollzugs als eine Einrichtung, die den Rand der Gesellschaft markiert, stellt eine Besonderheit dar. Ich merke, dass dies in doppelter

Hinsicht etwas mit mir macht: Zum einen muss ich sehr darauf achten, dass in meinem Privatleben genug Leichtigkeit Platz hat, um dieses Gewicht annähernd auszugleichen. Zum anderen muss ich aufpassen, das nicht abzuwerten, was mir wenig wichtig oder bedeutend vorkommt im Vergleich zu meinem alltäglichen Erleben in den Gefängnissen. Einem Notfallsanitäter, der um das Überleben von Menschen kämpft, werden Zahnschmerzen eines Patienten schnell zur Banalität.

Intensität einseitig aus helfenden Beziehungen und Situationen zu erwarten, kann süchtig machen und hat einen Hang zu Missbrauch in verschiedenen Formen.

Diese und noch andere Bedürfnisse sind ganz und gar menschlich und weder gut noch schlecht. Sie können aber beides werden. Sie kommen auf alle Fälle in der einen oder anderen Form in helfenden Beziehungen vor. Die zu reflektierende Frage richtet sich nicht auf ihr Vorhandensein, sondern auf ihre Ausprägung und Dosis. Wichtiger als die Antwort ist, die reflektierende Frage stets wach zu halten.

Hinsichtlich der Themen von Intensität und Nähe gilt es, jenen Menschen besondere Aufmerksamkeit zu widmen, deren berufliche oder ehrenamtliche Tätigkeit im Wesentlichen Beziehungsarbeit ist. Ich denke besonders an Beraterinnen und Psychotherapeuten, Seelsorgerinnen und Psychiater, Praktikerinnen der Alternativmedizin und andere mehr. Menschen also, die professionell anderen Menschen besonders nahekommen, bisweilen auch körperlich, die in besonderen Lebenssituationen mit aushalten, Tränen und Verzweiflung auffangen oder einfach ein Stück Leben teilen. Der wesentlichste Part dieser Arbeit ist das aktive

Zuhören. Das heißt, ganz wach und offen da zu sein, mit Herz und Verstand wahrzunehmen und gleichzeitig sich selbst ganz zurücknehmen: Jetzt ist nicht der Platz für eigene Geschichten, Bedürfnisse und Wünsche. Diese Gleichzeitigkeit einer möglichst offenen Präsenz einerseits und einer privaten Abstinenz andererseits stellt eine ganz besondere Gegebenheit und auch Herausforderung dar und geht sicher nicht spurlos an den Menschen vorbei, die sich mit Intensität und Nähe auf das Leben anderer einlassen, und hat Auswirkungen auf private Beziehungen.

So kann das professionelle Zuhören insofern abfärben, als es zum gewohnten Habitus wird, anderen Fragen zu stellen, ihnen Raum und Resonanz zu geben, selbst aber dabei gar nichts Privates und Persönliches von sich zu geben. Vielleicht fällt dies gar niemandem mehr auf, man bedankt sich höchstens für das lebendige Gespräch und merkt nicht, dass die spürbare Präsenz des Gegenübers ausschließlich rezipierender und keineswegs sich mitteilender Art war. Es kann passieren, dass das professionelle und wirklich auch sehr hilfreiche, aber einseitige Zuhören dazu führt, dass das Bedürfnis, sich selbst mitzuteilen, oder auch die Fähigkeit dazu immer mehr verloren geht oder es schwer wird, die angenommene Rolle zu durchbrechen und sich selbst Raum zu schaffen und nicht nur Räume für andere zu öffnen. Da helfen gute Freundinnen und Freunde, die Fragen stellen und aus dem Habitus des Zuhörens herauslocken, die wirklich die ganze Person wahrnehmen wollen und die gegenseitige Resonanz wünschen.

Eine andere Erfahrung, die Menschen mit professioneller Beziehungsarbeit machen, und bei der sie ein überdurchschnittliches Maß an Nähe und Intensität erleben, ist jene einer subjektiv empfundenen Leere. Paradoxerweise entspringt diese einer Überreizung im Beziehungsgeschehen, die nicht mehr als solche wahrgenommen wird. Das Übermaß fühlt sich überraschend als Leere an.

Dieses Gefühl kann gefährlich werden und birgt eine gewisse Suchtgefahr in sich, die sich in verschiedensten Formen ausdrücken und eventuell zu problematischen Abhängigkeiten führen kann. Es beeinflusst auf alle Fälle auch das private Beziehungsgeschehen. Wenn man den ganzen Tag Klienten zugehört hat, bleiben keine Reserven mehr, die einsame Tante anzurufen, von der man weiß, dass sie einem wirklich alles erzählen will. Aber auch die schulischen Ereignisse der Kinder können zu banal wirken im Vergleich der „wirklichen" Probleme des Lebens, mit denen man den ganzen Tag über konfrontiert war. Und dass der Partner in seinem Betrieb Auseinandersetzungen gehabt hat, fällt auf bereits verstopfte Ohren, dafür bleibt keine Kraft mehr. Umso mehr aber ist das Bedürfnis zu spüren, irgendwo anzukommen, Raum zugesprochen zu bekommen und nach gegenseitiger Nähe. Die Gleichzeitigkeit von Überfülle und Leere sendet eventuell widersprüchliche Signale, die schwer verständlich und noch schwerer zu beantworten sind: „Lass mich in Ruhe, ich brauche deine Nähe; ich habe Hunger, weil ich so satt bin; ich bin hellwach, weil ich erschöpft bin ..." Diese Signale können als unerfüllbare Erwartungen verstanden werden, was unweigerlich zu Enttäuschungen auf beiden Seiten führen wird. Hier gilt es, einen sehr achtsamen Umgang mit sich selbst zu pflegen. Das Bedürfnis nach Nähe und Intensität ist nur scheinbar gestillt oder das Maß möglicherweise übervoll. Mit der Sattheit in Blick auf professionelle Nähe ist noch lange nicht das Bedürfnis nach privater Nähe befriedigt, auch wenn sich dieses widersprüchlich oder überraschend anders zeigt. Nähe ausschließlich oder allzu sehr von der Partnerin, Freunden und Kindern zu erwarten – wahrscheinlich eher unbewusst als willentlich – ist verhängnisvoll, aber auch nicht ganz zu vermeiden.

Hier hilft das Bewusstsein darüber, dass der Weg gegenseitiger Nähe über die Nähe zu sich selbst führt. Ich muss zunächst bei mir ankommen, um beim anderen ankommen zu können.

angekommen
wenn wir
das suchen
was wir finden
das nehmen
was wir geben
während des laufs
schlafen
die füße
baumelnd
uns mit dem atem
verlieren
in der wahrheit
vorüberhuschender
augenblicke
    dann

Dann *kann* es zu einer Begegnung kommen, die Nähe spüren lässt, vielleicht ganz ohne Worte und völlig unaufgeregt.

Begegnung
als hätten wir uns
auf ein teil gesetzt
im mosaik des alltags
die fuß-straßen überflogen
in der schneise des augenblicks

Nur: Die Abkürzung der Sehnsucht an mir selbst vorbei ist ein Holzweg, der mitsamt der Last empfundener Leere in eine noch größere Leere führt. In Martin Bubers berühmter Formulierung: „Das Ich wird am Du zum Ich" – ein für mich anthropologisches Credo – steckt zweimal das „Ich". Ich muss „ich" sagen, um dem „Du" begegnen zu können, das mich in je tieferer Weise zu meinem „Ich" (zurück) führt. Die Wegweiser, die am besten zu mir selbst führen, sind meine Ressourcen.

8. Das Verständnis von „stark"

Die helfende Beziehung hat die Neigung, ein Gefälle zu bilden: Der augenscheinlich Starke hilft dem offensichtlich Schwachen.

Zunächst stimmt dies in den meisten Fällen in Bezug auf die jeweilige Hilfsbedürftigkeit: Da gibt es etwa auf der einen Seite den Fachmann und auf der anderen Seite den Klienten, den Ratsuchenden. Stärke und Schwäche definieren sich am gleichen Kriterium: Der „Schwache" fragt die „Stärke" in einer spezifischen Frage oder in einem abgegrenzten Bereich ab, etwa eine medizinische Fachberatung oder ein Mensch auf dem brüchigen Boden einer akuten Krise stützt sich an der Stärke eines Seelsorgers, der zumindest in dieser Situation auf festem Boden steht. Eine solche Situation ist im positiven Fall eine vorübergehende und sich selbst auflösende, wenn es gelingt, dass der „Schwache" an Stärke gewinnt und den „Starken" nicht mehr braucht. Dazu braucht es mindestens zwei Bedingungen: Erstens, dass beide Seiten auf das Beenden dieser Form von Beziehung zielen. Das heißt, dass der Hilfsbedürftige nicht Gefallen findet in seiner Rolle, hilfsbedürftig zu sein, und dadurch z. B. einiges nicht selber macht oder Verantwortung übernimmt und der Helfende seine Rolle nicht missbraucht, um etwa seinen Selbstwert aufzubessern. Zweitens gilt es zu klären, was „stark" oder „gesund" für beide Seiten für die jeweilige Situation bedeutet. Es könnten hier sehr leicht die Vorstellungen auseinandergehen. So könnte es etwa für den Hilfesuchenden ein bewusstes oder unbewusstes Ziel sein, wieder souverän zu wirken und möglichst keine Gefühle zu zeigen, besonders keine weinerlichen, während es aus der Sicht des Begleiters ein Zeichen von Stärke ist, endlich transparenter und spürbarer zu werden.

Mein Sohn, immer schon ein nachdenklicher, philosophierender Knabe und nolens volens Sohn eines Pfarrers fragte mich auf einer Autofahrt aus heiterem Himmel aus seinem Kindersitz heraus: „Papa, wer ist eigentlich stärker, Jesus oder Herkules?" Das ist die zentrale Frage zum Thema Stärke. Wie erweist sich wahrhafte Stärke? Es hat mich beeindruckt, dass mein Sohn damals schon geahnt haben dürfte, dass in diesem ohnmächtigen, völlig auf Gewalt verzichtenden Jesus sich wahre Stärke erweist.

Die Frage nach der eigentlichen Stärke ist unerlässlich für jeden heranwachsenden und erwachsenen Menschen.

Es liegt in der Natur unseres Menschseins, stark sein zu wollen, auch wenn dies zuweilen pathologisch über das augenscheinliche Schwach- und Hilflos-Sein angestrebt wird, durch das die Umgebung manipuliert wird.

In der Arbeit mit männlichen Schwerverbrechern und Gewalttätern fällt mir gerade hinsichtlich der Definition von Starksein ein besonderes Defizit auf. Ohne es wissenschaftlich belegen zu können, schätze ich, dass mindestens 80 Prozent der Männer, die ein schweres Gewaltverbrechen begangen haben, keinen positiven Bezug zu einem (leiblichen oder sozialen) Vater gehabt haben, wenn sie ihn überhaupt kennen. Auf den Vater angesprochen reagiert die Mehrheit dieser Männer entweder verächtlich oder aggressiv. Sie haben kein ermutigendes Vorbild für männliche Stärke. Dass dies auch etwas mit zarten, verletzbaren Gefühlen zu tun haben könnte, ist den meisten völlig fremd und erschließt sich – wenn überhaupt – erst ist in einem therapeutischen Prozess und in seelsorgerlicher Begegnung. (Auch außerhalb des Gefängniskontextes ist das Bild des wahrhaft starken Mannes völlig unausgereift, nachdem Männer seit jeher zu möglichst wenig empathischen Soldaten erzogen worden sind.) Gleichzeitig habe ich höchstens im Fitnessstudio so viele muskulöse Männer gesehen wie im Gefängnis. Die Kraftgeräte und Kraftkammern sind zur Gänze ausgelastet und das ist auch gut so. Sie dienen zum Abbau von Aggression und wohl in einem gewissen Maße der Gesundheit. Wenn sie aber die Antwort nach männlicher Stärke geben, dann greifen sie bei Weitem zu kurz.

Ein sehr plastisches Beispiel, mit einer Zielvorstellung besonders im therapeutischen Bereich umzugehen, ist etwa die Methode des „Gesundheitsbildes" nach Prof. Harry

Merl.[81] Hier geht es im Wesentlichen darum, den Ratsuchenden anzuleiten, sein Bild von sich als gesunden oder wünschenswerten Menschen zu entwickeln und Wege zu finden, sich diesem Bild anzunähern.

Die Frage nach „dem Gesundheitsbild" ist einerseits eine sehr individuelle Frage, andererseits aber eine prinzipielle bzw. ethische nach dem, was es wahrhaft anzustreben gilt. Was „stark" bzw. „gesund" bedeutet, hängt wesentlich vom jeweiligen Menschenbild ab. Geprägt von einem jüdisch-christlichen Menschenbild gehe ich – das ist mir durch den systemischen Ansatz in Beratung und Supervision noch deutlicher geworden – von einem relationalen Menschenbild aus. Es begreift den Menschen im Wesentlichen in einer vierfachen Bezogenheit: zum Mitmenschen, zu sich selbst, zur Transzendenz und zur geschöpflichen Mitwelt. Das heißt, nach dieser Sichtweise liegt das Kriterium nicht im rein Funktionalen, sondern auf der Ebene von Beziehungen. Ein körperlich eingeschränkter Mensch kann demnach als stark und gesund gelten, während ein topfitter Egozentriker als ungesund angesehen würde.

Hilfe bezieht sich natürlich nicht immer auf das Gesamte des Lebens, sondern auf Teilbereiche. Dennoch werden das jeweilige Menschenbild und die damit verbundenen Kriterien maßgeblich in der Haltung und Ausrichtung bleiben. Es ist unerlässlich, sich des eigenen Menschenbildes bewusst zu sein und nicht vorauszusetzen, dass es bei einem anderen gleich sei.

9. Vom Sich-überflüssig-Machen und von möglicher Konkurrenz

Die helfende Beziehung hat immer die Tendenz, sich möglichst als solche aufzulösen oder zu wandeln. Das Ziel ist die Überwindung der Hilfsbedürftigkeit und die Erstarkung der Person, die zunächst Hilfe in Anspruch nimmt. In den meisten Bereichen ist dies ziemlich selbstverständlich und unproblematisch, wie z. B. in der Krisenberatung, bei sachbezogener Hilfe oder in der Pflege.

In anderen Bereichen – besonders, wenn es um Weitergabe von Fertigkeiten oder die Lehre geht – kann dieser Übergang dem Helfenden einiges abverlangen, vor allem dann, wenn der ehemalige Empfänger zunehmend gleichrangig und zur Konkurrenz wird. Ablösungstendenzen können dann schmerzhaft werden, wenn der ehemals Helfende auf verschiedene Weise vom ehemals Lernenden und Empfangenden überholt wird und etwa schlecht gemacht oder auf andere Weise „entthront" wird. Das kann auch wirtschaftliche Konsequenzen haben, wenn etwa ein ehemaliger Lehrling, der sein Handwerk eben auch deswegen so gut gelernt hat, weil er einen hervorragenden Lehrmeister gehabt hat, selbst seinen Betrieb eröffnet und nun Mitanbieter und Konkurrent auf dem Markt wird. Jemandem zur Größe zu verhelfen kann bedeuten, es zuzulassen, dass man selbst überholt wird. Es können sich sogar die Verhältnisse umkehren und der vormals Lernende ist auf dem neuesten Stand der Entwicklung und informiert den ehemals Lehrenden darüber. Dann ist es für alle Beteiligten eine Herausforderung, die alten Rollen loszulassen und neue anzunehmen.

In einem wahrhaft helfenden oder lehrenden Verhältnis gilt es, sich dies mit den verbundenen Ängsten bewusst zu machen und zu prüfen, ob ich als Helfer vor diesem Hintergrund die Stärke des anderen wirklich zum Ziel habe.[82]

Diese Dynamik zeigt sich sehr oft in Vater-Sohn- und Mutter-Tochter-Beziehungen, in denen sich eine Art Eifersucht oder zumindest eine sehr ambivalente Beziehung breit machen kann, wenn – ungewohnterweise – der eigene Sohn vielleicht das schafft, was dem Vater versagt worden ist, oder die Tochter jene Karriere einschlagen kann, die die Mutter auch gerne verfolgt hätte.

Eigene Kinder, Auszubildende oder andere Auf-Hilfe-Angewiesene „groß" werden lassen, schließt ein, sie auch „größer" werden zu lassen.

10. Hilfe durch Hilfsverweigerung und Ziehen von Grenzen

Ich habe bewusst das Grenzziehen und Nein-Sagen an das Ende der Reihe von Kriterien hilfreichen Helfens gestellt, weil ich davon überzeugt bin, dass – so wichtig diese Kompetenz auch sein mag – sie doch als Folge von der Hinwendung und dem Sich-Einlassen zu sehen ist und kein Ausgangspunkt sein kann.

In vielen Ratgebern und Seminaren wird heute das „Nein-Sagen" thematisiert und geübt. Das hat seine Berechtigung dann, wenn die Neigung, sich manipulieren zu lassen oder einem Druck leicht nachzugeben, sehr prägend ist. Wenn aber die Liebe zu sich selbst im ausgewogenen Verhältnis zur Nächstenliebe steht, dann stehen auch das

„Nein" und die Grenzziehung unter dem Vorzeichen der Liebe und nicht vor der Angst, sich zu verlieren.

Die erste Kompetenz zur Hilfsverweigerung hat den anderen im Fokus. Der Um-Hilfe-Gebetene verweigert die Hilfe, damit sich die Selbstwirksamkeit des anderen, seine Selbstständigkeit und eigene Stärke entwickeln können. Hinter dem „Nein" steht das „Ja" zum anderen, selbst dann, wenn dieser zunächst enttäuscht ist. Das Ziel, den anderen in die Selbstständigkeit zu führen, ist gleichzeitig die Verhinderung der „gelernten Hilflosigkeit".

Gerade im Umgang mit süchtigen und abhängigen Menschen bedarf es einer besonderen Kompetenz: in der Ablehnung zugewandt zu bleiben. „Nein" zu sagen – und den anderen damit zu enttäuschen – ist in solchen Beziehungen therapeutische und pädagogische Methode und kann dann heilsam wirken, wenn sie in der Grundhaltung der Liebe bleibt und nicht des Kampfes um Macht und Vorherrschaft. Das sind oft Gratwanderungen, die der Selbstreflexion und des Feedbacks bedürfen. Voraussetzung für das „Nein" in der grundsätzlichen Bejahung ist die Unabhängigkeit von der eigenen Helferrolle. Die Ablehnung und der Widerstand, die eine klare Grenzziehung mit sich bringen können, treffen dann nicht das innerste Befinden des Helfenden, wenn sich sein Selbstwert nicht ausschließlich durch Anerkennung und Dank nährt, die das „Gutsein" des Helfers belohnen.

Wer in der Ausgewogenheit des „In-der-Liebe-Seins" bleibt, das alle drei Ausrichtungen der Liebe (Gott oder „allumfassende Liebe", Nächster und sich selbst) beinhaltet, wird grundsätzlich ein gutes Maß und eine Lebensbalance finden. Natürlich gibt es Zeiten und Situationen, in denen die Balance nicht zu halten ist. Für eine durchschnittliche Belastbarkeit ist dies keine Bedrohung. Erst eine chronische Unausgewogenheit führt in die Erschöpfung. In den seltensten Fällen geht es hier um ein schlichtes „Zuviel". Vielmehr handelt es sich um ein verstecktes „Zuwenig": ein Zuwenig an Nützen von Ressourcen, ein Zuwenig an Selbstfürsorge oder Eingebettet-Sein in freundschaftliche Beziehungen, ein Zuwenig an Sinnerfüllung ... Die Fragestellung, was eigentlich *fehlt*, wenn das Gefühl einer quantitativen Überlastung wahrgenommen wird, ist zunächst überraschend. Sie lenkt den Blick in eine positive Richtung. Die reine Abwehr ist kein Inhalt. Sie kann ein notwendiger, vorübergehender Schutz sein, aber wenn darüber hinaus keine positive Antwort auf eine überlastende Situation gefunden wird, führt sie zu einer inneren Leere und Isolation. Wer eine Mauer aufbaut, um sich zu verteidigen, wird sich selbst einsperren und Gefangener der eigenen Angst bleiben. Eine Grenze hingegen wird markiert, immer neu verhandelt und manchmal überschritten.

Ich darf darauf vertrauen, dass sie sich, wenn man achtsam mit sich und dem anderen umgeht, prinzipiell von selbst regulieren wird. Erst im zweiten Schritt, in der Erfahrung, dass wir eben nicht immer achtsam sind, bedarf es der bewussten Abgrenzung. Es ist hilfreich, sich selbst gut einschätzen zu lernen und zu wissen, wie man mit Grenzziehungen umgeht. Allenfalls empfiehlt es sich auch, Vereinbarungen mit Vertrauten zu treffen und an manchen Stellen mahnend einzugreifen, ohne generell die Selbstkontrolle zu delegieren.

Vor diesem grundsätzlich positiven Hintergrund gilt es, die Kunst der Abgrenzung zu erlernen. In meiner Tätigkeit in den Gefängnissen begegnen mir überdurchschnittlich viele Menschen, die etwa sagen: „Ich hatte einfach die falschen Freunde.", „Ich habe nur mitgemacht.", „Die anderen haben mich überredet, eigentlich wollte ich gar nicht.", „Ich wollte ihn [den eigentlichen Täter] nicht im Stich lassen." Und viele andere ähnliche Aussagen. Man kann sie schnell als Ausreden abtun, um die Verantwortung für das eigene Tun nicht zu übernehmen, was in den meisten Fällen ja auch zutreffen wird. Aber beides, das eigene „Sich-nicht-abgrenzen-Können" und das „Nicht-Verantwortung-übernehmen-Können" haben die gleiche Wurzel in einer ausgeprägten Ich-Schwäche oder anders ausgedrückt: in einem Mangel an einer reifen Liebe zu sich selbst. Dieser Mangel drückt sich meist in einer eingeschränkten Selbstwahrnehmung aus. Wenn ich jemand liebe, dann zeigt sich das zumindest darin, dass ich dieses Gegenüber wahrnehme. Ein Ignorieren wäre das glatte Gegenteil von Liebe. Die mangelnde Liebe zu sich selbst erweist sich zunächst darin, dass man gar nicht wahrnimmt, was man selbst will oder empfindet, und nicht hört, was die innere Stimme sagt. Eine typisch österreichisch ironische Antwort auf die Frage, wie es einem gehe, ist: „Wie die anderen wollen ..." Diese unverblümte Beschreibung eines völlig angepassten Verhaltens soll zwar in ironischer Manier die Spannung aufzeigen, nicht das tun zu können, was man selbst will, und lässt etwas Widerständiges erahnen oder zumindest erhoffen. Insgesamt beschreibt diese Antwort aber genau, wie manche tatsächlich leben – wahrscheinlich jene, die dies selbst weder bemerken noch ironisch ausdrücken können.

Der erste und wahrscheinlich wesentlichste Schritt zu einer reifen Kompetenz zur Abgrenzung besteht also darin, die Selbstwahrnehmung zu schulen: die Sprache des eigenen Körpers zu verstehen, Gefühle und Bedürfnisse wahrzunehmen, eigene Ziele und Absichten klarzustellen. Wahrnehmung bedeutet dann noch lange nicht, dem Eigenen nachzugehen. Aber nur in einem weitgehend klaren Bewusstsein über mich selbst kann ich dann wirklich frei entscheiden. Mein Tun oder Lassen ist dann nicht mehr ein fragloses Reagieren auf Bedürfnisse anderer, die die meisten Menschen viel schneller wahrnehmen als eigene, sondern entspringt einer reifen Entscheidung, letztlich meiner Freiheit. Eigene Bedürfnisse bewusst zu überschreiten, hinterlässt kaum das Gefühl, ausgebeutet, manipuliert oder missbraucht worden zu sein. Es stellt mich in die Verantwortung und stärkt mein Ich. Beides entspringt dann meiner Freiheit, Grenzen zu ziehen oder sie zu überschreiten. So werden das „Sich-Verschwenden", die Hingabe an eine Aufgabe oder eine Hilfeleistung durchaus ein Akt der Liebe, die sich selbst nicht übergeht, sondern die Kraft hat, auf eigene Bedürfnisse zu verzichten. Ein solch hingebungsvolles Tun entspringt einer besonderen Stärke und hinterlässt auch nicht beim anderen das Gefühl, dass sich hier jemand in einer selbstzerstörerischen Weise „aufopfert", sondern vielmehr sich selbst „gibt" oder „schenkt" – ohne Berechnung. All das aber setzt immer voraus, dass hier nicht einfach blind reagiert, sondern frei agiert wird.

Grenzen und eigene Befindlichkeiten nicht übersteigen zu können, sondern sie immer nur in der Weise zu beachten, dass man ihnen nachkommt, ist dem Wesen der Verwöhnung ähnlich: Wenn etwa ein Kind immer alles bekommt, was es will, und jeder Mangel sofort zugedeckt wird. Wenn jemand vor diesem Hintergrund „gut" darin ist, sich abgrenzen zu können, ist die Frage zu stellen, ob dies wirklich aus einer reifen Liebe zu sich selbst oder einer verwöhnenden entspringt.

Wer in der Mitte der eigenen Person ist, kann mit Grenzziehung freier und selbstverständlicher umgehen.

Die Kenntnis um die eigene Mitte, die eigenen Grenzen und den Umgang mit ihnen ist auch hinsichtlich des Umgangs mit dem anderen unerlässlich, stellen sie doch einen wesentlichen Aspekt der eigenen Persönlichkeit dar und sind mit hoher Wahrscheinlichkeit unterschiedlich von anderen. Es gehört vor diesem Hintergrund zum Respekt der Andersartigkeit des anderen, den jeweiligen Lebensstil, mit Grenzen umzugehen, nicht zu bewerten und die Verschiedenheit der Belastbarkeit anzuerkennen. „Nicht jeder, der sich in seinem Dienst verzehrt, leidet an einem Helfer-Syndrom."[83]

Zusammenfassend kann gesagt werden: Die Grenze zu sehr im Blickfeld zu haben, verstellt den liebevollen Blick auf den anderen und auf sich selbst. Ein solch liebevoller Blick resultiert vielmehr aus dem Sein-in-der-Liebe und der dreifachen Bezogenheit des Menschen. Es geht darum, fähig zu sein und befähigt zu werden, in einer persönlichen, fest verankerten Freiheit helfen zu können. Das bedeutet zum einen, nicht durch das Helfen ein innewohnendes Defizit an Selbstwert und Selbstliebe ausgleichen zu müssen, zum anderen, nicht aus einer tief liegenden Angst vor Überforderung und Belastung in eine abwehrende und verweigernde Grundhaltung zu kommen. Vor diesem Hintergrund wird deutlich: Das Helfer-Syndrom und die generalisierte Abwehr eigenen Helfens haben überraschend die gleiche Wurzel, den Mangel an Selbstvergewisserung und Selbstliebe. Aus der positiven Bezogenheit zu mir als Helfendem – im Sinne einer Selbstfürsorge und einer liebevollen Achtsamkeit für die Balance der Beziehungen – sind Grenzen notwendig und heilsam. Dann wird der Rückzug nicht zur Abkehr, sondern zum Atemholen in einer grundsätzlichen Zugewandtheit, so wie Jesus sich – auch für manche überraschend und enttäuschend – zurückgezogen hat, um eben nicht bloß auf die Erwartungen der anderen zu reagieren, sondern um seinen, für viele unverständlichen Weg zu gehen.[84]

Fazit

„Helfen" stellt eine komplexe Beziehungsform dar. Es ist auf der einen Seite tief im Menschen angelegt, in seinem grundsätzlichen Angewiesensein und seinem Drang zu helfen. Auf der anderen Seite gilt es, diese Veranlagung zu kultivieren, denn das Helfen ereignet sich in den widersprüchlichen Strebungen nach Gemeinschaft und Liebe einerseits und dem Streben nach Geltung und Macht andererseits und steht in der Gefahr, zu Verstrickungen zu führen und eben nicht „hilfreich" zu werden. In Jesu Beispielerzählung vom „barmherzigen Samariter" (Lk 10,25–38) begegnet uns ein Vor-Bild eines idealtypischen Helfens. Letztlich findet dieses seine Wurzel und sein Maß immer im Doppelgebot der Liebe.

„Hilfreiches Helfen" ist demnach nicht bloß richtiges, äußeres Verhalten oder eine Methode, sondern ein Symptom eines Seins, dem Sein in der Liebe, das sich in konkreten Situationen des Lebens zeigt und das entwickelt werden will. „Helfen" ist wie eine Mitgift der Schöpfung, ein Rohmaterial, das verantwortet und zu einer schönen Form gestaltet werden will.

Die zehn aus der Praxis gegriffene Kriterien für ein kultiviertes Helfen sollen die Wahrnehmung auf sich selbst und auf die komplexe Beziehung des Helfens sensibilisieren. Denn der verantwortliche Umgang mit Menschen setzt kritische Selbstwahrnehmung voraus.

seelsorge im gefängnis
es passiert wenig
gruß, besuch, gespräch
da bekehrt sich keiner
beichten sind mir peinlich
segensbitten nicht
das wort GOTT
wird verschwiegen

aber gehört wird
die last des gitteralltags
der vergangenheit
die leere und zukunftsmusik

es passiert wenig
nur – so hoffe ich –
schleicht unbemerkt
ein nebel aus licht sich ein
und vielleicht
ereignet sich irgendwann
das WORT

Dank

Am Ende dieser Arbeit ist es mir ein Bedürfnis, Dank auszusprechen:

Bischof Michael Chalupka für das Vorwort und Martin Schenk, Diakonie Österreich, für seine Unterstützung;
Univ.-Prof. Engemann für die Bereitschaft, die dem Buch
zugrunde liegende wissenschaftliche Arbeit zu begleiten, zu
lesen und zu beurteilen.

Viele Freunde haben mich begleitet, unterstützt und mir
in Gesprächen und durch Feedback geholfen, meine Gedanken zu formulieren. Besonders Christine Hubka, wie
auch Bärbel Tesche und Christina Spellitz haben mit großer Genauigkeit Tippfehler und andere Fehler korrigiert
und inhaltliche Stellungnahmen abgegeben. Martin Klonk
hat mich mit Geduld computertechnisch unterstützt. Johannes Modeß hat mir durch die Nähe zum wissenschaftlichen Arbeiten wertvolle Hinweise zur aktuellen Zitierweise
gegeben. Er und meine Freunde – Jörg Barthel, Marianne
Nauber, Michael Nausner, Matthias Geist und Stefan Moll
– haben mich durch Feedback, Gespräche, Hinweise und
Anregungen ermutigt und mir zu vertieften Einsichten und
präziseren Formulierungen verholfen.

Ich bin zutiefst dankbar um meine Freunde, ohne die es
schwieriger gewesen wäre, neben meiner Arbeit als Gefäng-
nispfarrer dieses Buch zu schreiben.

Wien, im September 2022

Anmerkungen

1 https://www.duden.de/rechtschreibung/helfen, zuletzt aufgerufen am 22. 5. 2018.

2 Bach, Ulrich: Boden unter den Füßen hat keiner. Plädoyer für eine solidarische Diakonie, Göttingen 1980, S. 136.

3 Bauer, Joachim: Prinzip Menschlichkeit. Warum wir von Natur aus kooperieren, München 2014.

4 Ebd., S. 37.

5 Rüegger, Heinz/Sigrist, Christoph: Diakonie – eine Einführung. Zur theologischen Begründung helfenden Handelns, Zürich 2011, S. 272.

6 Vgl. Bauer, Joachim: Warum ich fühle, was du fühlst: Intuitive Kommunikation und das Geheimnis der Spiegelneurone, München 62007.

7 Ziemer, Jürgen: In Freiheit helfen. Zur psychologischen und theologischen Problematik der helfenden Berufe, in: ZdZ 44 (1990), S. 6–11, hier: S. 8.

8 Zitiert nach Ziemer, In Freiheit helfen, S. 8.

9 Körtner, Ulrich H. J.: Ethik im Krankenhaus. Diakonie-Seelsorge-Medizin, Göttingen 2007, S. 30.

10 Ex 20,1–17. Das vierte Gebot ist das erste, das auf das Sozialverhalten zielt und das zweite von zweien, die positiv formuliert sind.

11 https://www.youtube.com/watch?v=9F9T1Kgt6YU&list=RD9F9T1Kgt6YU &index=1, zuletzt aufgerufen am 15. 11. 2022.

12 Luther, Henning: Leben als Fragment. Der Mythos von der Ganzheit. WzM 43 (1991) S. 262–273, hier: S. 263.

13 Luther: Leben als Fragment, S. 267f.

14 Übersetzt von Karl Elliger, in: Elliger, Karl: Das Buch der zwölf kleinen Propheten II, Die Propheten Nahum, Habakuk, Zephanja, Haggai, Sacharja, Maleachi [ATD 25], Göttingen 81982, S. 149.

15 „Lässt man den masoretischen Text, wie er ist, so handelt es sich um einen König, dem selbst erst ‚geholfen worden‘ ist, wie das oben mit ‚heilvoll‘ wiedergegebene Wort wörtlich zu übersetzen wäre. Die vorausgehende Aussage ‚gerecht‘ wird also ebenfalls zunächst im passivischen Sinne zu verstehen sein: einer, der Recht bekommen, den Sieg behalten hat durch höheren Beistand. Dem entspricht, dass das eigene Wesen des Kommenden mit dem Lieblingswort späterer Psalmen als ‚arm‘ bezeichnet wird. Damit ist vor allem die ‚demütige‘ Haltung des Fürsten Gott gegenüber gemeint, aber zugleich seine ganze aus diesem innersten Wesen sich ergebende Art." Ebd.

16 Schibilsky, Michael: Ethik der Menschenwürde. Das Menschenbild in der Diakonie – gegenwärtige Herausforderungen, in: Schibilsky, Michael (Hg): Kursbuch Diakonie, Neukirchen-Vluyn 1991, S. 209–227, hier: S. 222.

17 Rüegger/Sigrist: Helfendes Handeln, S. 274.

18 Der jüdische Philosoph E. Levinas erkennt in der Verantwortlichkeit des Menschen ein Wesensmerkmal seiner Subjektivität: „In der Tat ist die Verantwortlichkeit kein bloßes Attribut der Subjektivität, so als würde diese bereits vor der ethischen Beziehung in sich selbst existieren. Die Subjektivität ist nicht ein Für-Sich, sie ist, um es zu wiederholen, ursprünglich ein Für-einen-Anderen." Levinas, Emanuel: Ethik und Unendliches, Graz/Wien 1986, S. 73, zitiert nach Luther: Leben als Fragment, S. 268.

19 Vgl. Bauer: Prinzip Menschlichkeit.

20 Körtner: Ethik im Krankenhaus, S. 37.

21 Rüegger/Sigrist: Helfendes Handeln, S. 66.

22 Vgl. Theißen, Gerd: Universales Hilfsethos im Neuen Testament? Mt 25,31–46 und Lk 10,25–37 und das christliche Verständnis des Helfens, in: GuL 15 (2000), S. 22–37.

23 Ziert in: Theißen: Universales Hilfsethos, S. 36.

24 So spricht etwa die Psychologin Andrea Beetz, die in Rostock und Wien die Mensch-Tier-Beziehung erforscht, von einem Fürsorgetrieb: „Wenn man Fürsorgeverhalten zeigt, wird das Hormon Oxytocin ausgeschüttet", erklärt sie. „Es bewirkt, dass man sich gut fühlt, dass man sich entspannt." Beetz, Andrea: Darum sollten Enten nicht gefüttert werden, in: Kurier vom 16. 10. 2016, https://kurier.at/wissen/darum-sollten-enten-nicht-ge-fuettert-werden/225.724.871, zuletzt aufgerufen am 28. 08. 2022.

25 Vgl. auch Körtner: Ethik im Krankenhaus, S. 36.

26 Ziemer: In Freiheit helfen, S. 8.

27 Rudolf Dreikurs weist in seinem Buch „Grundbegriffe der Individualpsychologie" auf die Entwicklung des Adler'schen Menschenbildes hin, die die von Joachim Bauer formulierten Erkenntnisse aus der Neurobiologie bestätigt: „Adler hat ursprünglich angenommen, daß das Minderwertigkeitsgefühl die wichtigste Triebkraft des Menschen sei. Er betrachtete das Leben als ständige Bewegung von unten nach oben, von Minus zu Plus. Daher nahm er an, daß die Kompensation für das ‚natürliche' Minderwertigkeitsgefühl immer zum Machtstreben führen müsse, welches als natürliches Ziel aller Menschen anzusehen sei. In seiner letzten Phase erkannte Adler aber, daß der Wille zur Macht und das Streben nach persönlicher Geltung nicht als natürlich und unerlässlich gelten müssen. Sie bilden eine verfehlte Richtung und Motivation. Grundsätzlich für den Menschen ist das Bedürfnis nach Zugehörigkeit, wie es durch das Gemeinschaftsgefühl erlebt wird." Dreikurs, Rudolf: Grundbegriffe der Individualpsychologie, Stuttgart 61990, S. 35.

28 Stollberg, Dietrich: Helfen heißt herrschen. Zum Verhältnis von Theologie und Psychologie, in: Pth 77 (1988), S. 473–484.

29 Stollberg: Helfen heißt herrschen, S. 475.

30 Schmidbauer, Wolfgang: Die hilflosen Helfer. Über die seelische Problematik der helfenden Berufe, Reinbek bei Hamburg 11977.

31 Vgl. Riemann, Fritz: Die Grundformen der Angst, München 412013.

32 Steffensky, Fulbert: Wider die Angst vor dem Unglück, https://silo.tips/download/wider-die-angst-vor-dem-unglck, S. 8, zuletzt aufgerufen am 28.08.2022.

33 Luther: Leben als Fragment, S. 263f.

34 Vgl. Körtner: Ethik im Krankenhaus, S. 35.

35 Rüegger/Sigrist: Helfendes Handeln, S. 272.

36 Rüegger/Sigrist: Helfendes Handeln, S. 274.

37 Theißen, Gerd: Die Bibel diakonisch lesen. Die Legitimitätskrise des Helfens und der barmherzige Samariter, in: Schäfer, Gerhard K./Strohm, Theodor (Hg): Diakonie – biblische Grundlagen und Orientierungen. Ein Arbeitsbuch zur theologischen Verständigung über den diakonischen Auftrag, Heidelberg 1990, S. 376–401, hier: S. 401.

38 Die ursprüngliche Quelle des Textes ist umstritten. Mit Bovon gehe ich von der Annahme aus, dass die Parabelerzählung zum lukanischen Sondergut zu zählen sei und nicht zur Logienquelle Q. Zum einen, weil sie nicht in den anderen synoptischen Evangelien vorkommt, zum anderen, weil sie einem typischen lukanischen Denken entspricht. So antwortet sie auf die Frage nach dem höchsten Gebot mit der inneren Haltung und nicht auf einer theologischen oder rechtlichen Ebene. Vgl. Bovon, François: Das Evangelium nach Lukas Bd. 2. Lk 9,51–14,35 [EKK 3/2], Zürich/Düsseldorf 1996.

39 So auch Gerd Theißen: „Die Bibel diakonisch lesen heißt vielmehr: Motive und Formen gegenwärtigen Helfens im Lichte biblischer Texte zu überprüfen – und umgekehrt: biblische Texte im Lichte gegenwärtiger Fragen zu interpretieren." Theißen: Die Bibel diakonisch lesen, S. 376.

40 Siehe dazu S. 33 zum Begriff „Liebe".

41 Fichtner, Johannes: Art. plesion (nahebei) B. plesion in der Septuaginta und der ‚Nächste' im Alten Testament. In: ThWNT VI (1959), S. 310–314, hier: S. 312f.

42 Vgl. dazu Theißen: Universales Hilfsethos, S. 35: „Ein universales Hilfsethos hat (...) drei Merkmale: 1. Kein Mensch ist prinzipiell von Hilfe ausgeschlossen. Der potentielle Hilfsadressat ist universal. 2. Jeder Mensch ist prinzipiell zur Hilfe verpflichtet, und jede Hilfsmotivation ist von allen nachvollziehbar. Auch das Hilfssubjekt ist in seinen Motivationen ‚universal'. 3. Dieser Hilfsethos (...) ist universalisierbar und überlebensfähig." Theißen sieht im Befund der neutestamentlichen Exegese (besonders hinsichtlich Mt 25,31–43 und Lk 10,25–37), dass diese Merkmale eines „universalen Hilfsethos" gegeben sind, auch dann, wenn es eigentlich mit dem baldigen Ende dieser Welt rechnet, mehr noch aber „mit dem An-

fang einer neuen Welt, die verborgen schon in der Gegenwart beginnt – überall da, wo sich Menschen gegenseitig unterstützen. Das NT ist nicht orientiert an Jahrhunderte überdauernden Normen. Aber de facto hat das neutestamentliche Ethos Jahrhunderte überlebt." Ebd., S. 36.

43 So auch Theißen: Die Bibel diakonisch lesen, S. 386: „Den Nächsten ‚wie sich selbst' lieben, bedeutet hier: ihn als Menschen gleichen Status behandeln. Der ‚Nächste' ist jemand, der prinzipiell auf gleicher Ebene steht."

44 So auch Thomas Söding: „Wer nach dem Nächsten fragt, fragt immer auch nach sich selbst; und wer sich selbst von Menschen umgeben weiß, die er als Nächste sieht, muss selbst zum Nächsten derer werden wollen, die auf Hilfe angewiesen sind. Die Frage nach dem Nächsten richtet den Blick nicht nur auf den anderen Menschen, sondern immer auch auf den Menschen, der die Frage stellt, wer denn sein Nächster sei: Es geht um seine Verantwortung, seine Praxis, seine Liebe." Söding, Thomas: Nächstenliebe. Gottesgebot als Verheißung und Anspruch, Freiburg im Breisgau 2015, S. 138.

45 Vgl. Theißen: Die Bibel diakonisch lesen, S. 387f.

46 Dieses „Sich-Einlassen" birgt „ewiges Leben" in sich: „Wer Menschen vor dem Tod bewahrt und so Leben rettet, der wird ewiges Leben haben, ein Leben, das nicht mehr vom Tod bedroht ist. Aber was ist ewiges Leben? (…) Es ist ein Leben jenseits des Selektionsprinzips. Denn das Instrument des Selektionsprinzips ist letztlich der Tod. (…) Wenn du ein Leben jenseits des Selektionsprinzips willst, dann handle antiselektionistisch: Rette das Verlorene! (…) 1. Joh 3,14 sagt: ‚Wir wissen, daß wir aus dem Tod ins Leben hinübergegangen sind, weil wir die Brüder lieben.'" Theißen: Die Bibel diakonisch lesen, S. 393.

47 Bauer, Walter: Griechisch-Deutsches Wörterbuch zu den Schriften des Neuen Testaments und der übrigen urchristlichen Literatur, Berlin 51958, S. 1374.

48 Vgl. Bovon: Evangelium nach Lukas, S. 90.

49 https://www.volkswoerterbuch.at/wort/24771/magerln_sich, zuletzt aufgerufen am 29. 08. 2022.

50 Dazu Ulrich Körtner: „Unsere Intuitionen hängen nun freilich von unserer Wahrnehmung ab und diese wiederum nicht nur von biologisch vererbten, sondern auch von sozial vermittelten und symbolisch strukturierten Wahrnehmungsmustern. Eine Ethik des Helfens hat deswegen solche Wahrnehmungsmuster zu untersuchen und zur ethischen Wahrnehmung und Deutung von Lebenssituationen anzuleiten. (…) Für eine Ethik des Helfens (ist) eine ethische Theorie bzw. Phänomenologie der Wahrnehmung unabdingbar." Körtner: Ethik im Krankenhaus, S. 41.

51 Domin, Hilde: Gesammelte Gedichte, Frankfurt 51987, S. 294.

52 Tahara (hebräisch טְהָרָה) bezeichnet im Judentum die rituelle Reinheit. Das dazugehörige Adjektiv tahor („rein") bedeutet so viel wie „tauglich zum Betreten des Tempels" oder „tauglich für die Darbringung eines Opfers". Tahara wird ebenfalls als Bezeichnung für die in Taharahäusern durchgeführten Leichenwaschungen verwendet. Die Gesetze, die die sexuelle Abstinenz von verheirateten Paaren während der Zeit der Unreinheit der Frau regeln (hebräisch הַדָּה, niddah), werden auch als Taharat ha-Mischpachah (hebräisch הַחְפַּשְׁמָה תַּרְהָט „Familienreinheit") bezeichnet. Das Gegenteil von Tahara, die rituelle Unreinheit, wird Tumah (hebräisch הָאֻמֵט) genannt, das entsprechende Adjektiv lautet tame „unrein". Tame wird eine Person durch Kontakt mit einem Toten sowie durch Menstruationsblut, Ejakulat oder Geschlechtskrankheiten. Zur Wiederherstellung der rituellen Reinheit dient in erster Linie das rituelle Tauchbad Mikwe (hebräisch הַלִיבְט). https://de.wikipedia.org/wiki/Tahara, zuletzt aufgerufen am 29. 08. 2022.

53 Vgl. Jeremias, Joachim: Die Gleichnisse Jesu, S. 202, zitiert nach Drewermann, Eugen: Das Lukasevangelium Band 1. Bilder erinnerter Zukunft: Lk 1,1–12,1, Düsseldorf 2009, S. 774: „Während dem Priester nach dem Wortlaut von Lev 21,1ff auch im Alltag jede Berührung einer Leiche (mit Ausnahme der allernächsten Blutsverwandten) untersagt war, hatte der Levit nur im kultischen Dienst rein zu sein. Wanderte der Levit wie der Priester Lk 10,31 von Jerusalem nach Jericho, so hinderte ihn nichts daran, einen ,Toten am Wege' zu berühren. Man muß also, will man auch ihn von rituellen Rücksichten bestimmt sein lassen, annehmen, daß er sich auf dem Weg nach Jerusalem zum Dienst am Tempel befand. Der Text (V.32) schließt diese Annahme nicht aus." – Inwieweit das Nicht-Helfen von Priester und Levit von der Absicht, kultische Verunreinigung zu vermeiden, herrührt, bleibt Interpretationssache. Es könnte einfach die Kaltherzigkeit dieser Männer zum Ausdruck bringen, die sich nicht auf ihrem Weg stören lassen. Letztlich ist die Frage der Motivation nicht allzu entscheidend, vor allem vor dem Hintergrund der Annahme, dass nicht nur eine Motivation das Verhalten verursacht, sondern meist ein ganzes Bündel von bewussten, eingestandenen, vorgeschobenen und unbewussten Motivationen. (Vgl. S. 38). Ich entscheide mich dafür, dass Jesus in der Ortsangabe „Jerusalem" auf alle Fälle auf den Tempel und die damit verbundene Reinheitsforderung anspielt.

54 Ich stimme im vollen Umfang Eugen Drewermann zu, der an dieser Stelle auch die antiklerikale Sicht Jesu herausstreicht: „Es fällt nicht leicht, sich eine Geschichte auszudenken, die antiklerikaler sein könnte als diese. Sie wirft nicht unbedingt ein schlechtes Licht auf diesen Priester als einzelnen; wie er denkt, wie er fühlt, davon erfahren wir kein Wort, – darauf kommt es hier nicht an. Denn eben darin liegt das Ungeheuerliche: Dieser Mann tritt einzig auf als Priester; sein Priestersein hat sein Personsein

völlig absorbiert; er selber existiert nicht mehr in seinem Amt; – sein Ich ist verschwunden im Überich, (...)." Drewermann: Das Lukasevangelium Band 1, S. 774. – Im Kontrast zu der kultkritischen Position argumentiert Thomas Söding, dass Priester und Levit, wenn sie denn vom Tempel kämen, genug Zeit hätten, sich wieder zu reinigen, wenn sie dorthin zurückkehrten, weiters, dass es strittig sei, ob eine Notfallhilfe das kultische Recht breche. Das Gleichnis beschränke sich darauf, einen „moralischen Skandal" zu konstatieren. Vgl. Söding: Nächstenliebe, S. 136.

55 Vgl. in diesem Sinne auch: Huizing, Klaas: Scham und Ehre. Eine theologische Ethik, Gütersloh 2016, S. 105f.

56 „Weil Jesus die Schuld aller Menschen auf sich nahm, darum wird jeder verantwortlich Handelnde schuldig. Wer sich in der Verantwortung der Schuld entziehen will, löst sich aus der letzten Wirklichkeit menschlichen Daseins, löst sich aber auch aus dem erlösenden Geheimnis des sündlosen Schuldtragens Jesu Christi." Bonhoeffer, Dietrich: Brevier, München 71991, S. 293.

57 In der gegenwärtigen politischen Situation in Österreich werden Menschen, die sich um Betreuung von Asylwerbern und die Integration Heimatsuchender kümmern, in besonderer Weise belastet und nicht selten in große psychische Bedrängnis gebracht, wenn es gilt, hilflos den Abschiebungen jener hinterher zu schauen, mit denen man gerade noch wachsende Gemeinschaft erlebt hat, und sich dabei selbst oft noch an den Rand der Legalität gedrängt zu fühlen.

58 In seinem Artikel „Alltagssorge und Seelsorge: Zur Kritik am Defizitmodell des Helfens" befasst sich Henning Luther ausführlich mit der Position des Helfens, als einer, der entweder „für" den Anderen handelt oder als einer, der in solidarischer Weise „mit" dem Anderen hilft und immer nach Gegenseitigkeit trachtet. In dieser Position macht sich der Helfende angreifbar, verzichtet auf die starke Rolle, öffnet sich für eine lernende Grundhaltung und stellt sich gemeinsam mit dem Anderen in die unheile Wirklichkeit unseres Daseins: „Eine solidarische Begegnung mit dem Anderen hindert uns, das Leiden der Anderen nur als deren persönliches Problem, als deren Mangel anzusehen. Sie kann uns daran erinnern, dass ihr Leiden immer auch ein Leiden an unserer Welt ist (Röm 8,22–24). Der Andere, der aus der Welt fällt, wirft ein Licht auf den Riß, der durch unsere Welt geht und der keine falsche, vorschnelle Versöhnung zuläßt. Therapeutische Geschäftigkeit muß vor der Gefahr solch falscher Versöhnung bewahrt werden, die die Erlösungsbedürftigkeit dieser Welt überspielt. (...) Vom Leiden der Anderen und von ihrem Anderssein her können wir alle lernen, daß ‚wir uns auf dieser Erde nicht ganz zu Hause fühlen' können (Böll). Luther, Henning: Alltagssorge und Seelsorge. Zur Kritik am Defizitmodell des Helfens, in: WzM 38 (1986), S. 2–17, hier: S. 17.

59 So fragt auch Ziemer: „Die berufsmäßigen Helfer – seien sie im fürsor-
gerischen, pflegerischen oder beraterischen Bereich tätig – können zum
Alibi für alle anderen werden. Helfen in einer ‚Welt ohne Liebe' wird leicht
sektoral, Zuständigkeitsbereich von Spezialisten. Professionelle Menschlichkeit sollte aber nicht den Egoismus der Mehrheit legitimieren helfen.
Wie ist ‚Helfen als Beruf' so möglich, daß nicht nur die notwendige Hilfe
gewährt, sondern daß dadurch auch ‚Liebe' in der Welt vermehrt wird?"
Ziemer: In Freiheit helfen, S. 7.

60 Wolfgang Schmidbauer reagiert mit seinem Buch „Helfen als Beruf. Die
Ware Nächstenliebe" auf sein zuvor erschienenes Buch „Die hilflosen
Helfer". Er schreibt darin, dass ihn Reaktionen auf das zuvor erschiene-
ne Buch unsicher machen würden. Vgl. Schmidbauer, Wolfgang: Helfen
als Beruf. Die Ware Nächstenliebe, Reinbek bei Hamburg 1983, S. 29. In
seinem zweiten Buch setzt er sich differenziert vor allem mit der kontra-
diktorischen Spannung jener Berufe auseinander, deren Helferrolle stark
die Beziehungsebene umfasst: „Der GmbH-Charakter der beruflichen
Beziehungen tritt aber mit dem ganzheitlichen, im Augenblick der Hingabe einzigartigen Charakter emotionaler Beziehungen in einen schwer
auflösbaren Widerspruch. Die technische Legitimation wird immer frag-
würdiger, je deutlicher es gerade Aspekte des Alltagsverhaltens sind, die
in der beruflichen Qualifikation eine Rolle spielen." Ebd., S. 36.

61 Siehe unter „gelernte Hilflosigkeit", z. B. http://www.pflegewiki.de/wiki/
Erlernte_Hilflosigkeit, zuletzt aufgerufen am 12. 05. 2018.

62 Siehe S. 74 („Der eigene Weg"), S. 119 („Hilfe durch Hilfsverweigerung").

63 Siehe S. 74 („Der eigene Weg"), S. 119 („Hilfe durch Hilfsverweigerung").

64 So auch Eberhard Jüngel, zitiert nach Rüegger/Sigrist: Diakonie, S. 68:
„Diakonie braucht die richtige Balance zwischen der Nähe emotionaler
Berührtheit und der Distanz sachlicher Nüchternheit, zu der auch die
Kunst des rechtzeitigen Heraustretens aus Hilfsbeziehungen gehört."

65 Vgl. Stanislawski, Konstantin Sergejewitsch: Die Arbeit des Schauspielers
an sich selbst. Tagebuch eines Schülers. Band 1, Berlin 62002.

66 Theißen: Universales Hilfsethos, S. 33.

67 Samarites hodeuon könnte auch übersetzt werden mit „ein auf Reisen be-
findlicher Samariter". Vgl. Bauer: Griechisch-Deutsches Wörterbuch, S.
1095.

68 „Barmherzigkeit" galt (nicht nur) im Orient als ein Ethos, das sich auf
gnädiges Wirken der Mächtigen bezog und eben nicht – wie in Lukas 10
ausgeführt – auf Augenhöhe der „Nächstenliebe" beruhte, sondern ein Gefälle voraussetzte. Vgl. Theißen: Die Bibel diakonisch lesen, S. 386.

69 Luther, Leben als Fragment, S. 268.

70 Vgl. auch: Theißen: Die Bibel diakonisch lesen; S. 384f und ders.: Universales Hilfsethos im Neuen Testament, S. 33.

71 In der systemischen Therapie und Beratung wird diesem Aspekt besondere Aufmerksamkeit gewidmet. Ein System strebt immer nach Homöostase. Vgl. dazu: von Schlippe, Arist/Schweitzer, Jochen: Lehrbuch der systemischen Therapie und Beratung, Band I. Das Grundlagenwissen, Göttingen 22013, S. 104. Das Konzept der Nächstenliebe entspricht dieser inneren Struktur menschlicher Systeme.

72 Vgl. dazu Eugen Drewermann: „Doch spricht man, statt von einem zweiten ‚Hauptgebot', von einer zentralen Lebensregel, so ist die psychologische Wahrheit unübersehbar, die sich in der wechselseitigen Verwiesenheit von ‚Selbstliebe' und ‚Nächstenliebe' ausspricht. Wohlgemerkt geht es hier nicht um die Illusion, es könnten ‚Egoismus' und ‚Altruismus' miteinander vereinbar werden. ‚Egoismus' ist gerade nicht der Ausdruck eines ruhigen Selbstwertgefühls, sondern eine überwertige und einseitige Wahrnehmung der eigenen Interessen auf Kosten anderer, und der Grund dafür liegt allemal in dem Gefühl einer abgründigen Bedrohtheit und in dem Unvermögen, inmitten einer feindgetönten Welt auf dem Verhandlungswege mit anderen vernünftige Kompromisse einzugehen. ‚Altruismus' wieder, obwohl moralisch meist sehr positiv bewertet, erscheint psychologisch nicht selten als eine Form der Selbstvermeidung und der Flucht vor sich selber. In Wirklichkeit führt der eine wie der andere ‚-ismus' in die Irre; was bleibt, ist die sichere Tatsache, daß (nur) ein innerlich ausgewogener Mensch mit anderen in ein verträgliches, sogar liebevolles Verhältnis zu treten vermag; und wieder ist es dabei die religiöse Dimension der menschlichen Existenz, die ein solches seelisches Gleichgewicht allererst ermöglicht. So wie Gottes- und Menschenliebe untrennbar zusammengehören, so bilden Selbst- und Nächstenliebe eine Einheit." Drewermann: Lukasevangelium, S. 768.

73 Schulz von Thun, Friedemann: Das Vier-Seiten-Modell, https://de.wikipedia.org/wiki/Vier-Seiten-Modell, zuletzt aufgerufen am 01. 09. 2022.

74 Luther: Alltagssorge und Seelsorge, S. 13.

75 „CISM bezieht sich auf kritische Ereignisse, die die gewohnten Bewältigungsmechanismen der Betroffenen potenziell überfordern. Das kann zu erheblicher Stressbelastung und Beeinträchtigung der normalen Situationsanpassung führen. Kritische Ereignisse sind potenziell traumatische Ereignisse. Die CISM-Maßnahmen zielen auf die Reduktion von Häufigkeit, Dauer und Schweregrad der Stressbelastung nach dem Ereignis sowie auf die Nachsorge und Weiterbetreuung durch Spezialisten, falls notwendig. (...) CISM ist ein strukturiertes, mehrteiliges System von Maßnahmen, die auch in Situationen mit großem Handlungsdruck gut einsetzbar sind." Hausmann, Clemens: Handbuch Notfallpsychologie und Traumabewältigung. Grundlagen, Interventionen, Versorgungsstandards, Wien 2003, S. 201f. Weiters: „Die wichtigsten CISM-Maßnahmen stellen

ein integriertes System von Maßnahmen dar, die zeitlich und inhaltlich aufeinander abgestimmt sind und setzen sich zusammen aus: 1. Vorbereitung auf kritische Ereignisse, 2. Individuelle Krisenintervention, 3. Informationsveranstaltung (Crisis Management Briefing) im Sinne einer Psychoedukation, 4. Defusion (kurzes Gruppengespräch in drei Phasen), 5. Debriefing (mehrstündiges Gruppengespräch in sieben Phasen), 6. Familien- und Organisationsunterstützung zur weiteren Vernetzung und Betreuung, 7. Nachsorge und, wenn notwendig, Überweisung." Ebd., S. 203.

76 Reichl, René (Hg): Beratung, Psychotherapie, Supervision. Einführung in die psychosoziale Beratungslandschaft, Wien 2005, S. 156.

77 Vgl. Scobel, Walter Andreas: Was ist Supervision?, Göttingen 41997.

78 Zitiert nach: Müller-Lange, Joachim (Hg): Handbuch Notfallseelsorge, Edewecht 2001, S. 43.

79 Lieben, Christl: Die Liebe kommt aus dem Nichts. Wenn sie uns berührt, nehmen wir Gestalt an, Berlin-München 2014.

80 In einem Gespräch mit Christl Lieben wurde mir die Pointe ihrer Formulierung „frei von Mitgefühl" im Vergleich mit dem Verhältnis zum Geld deutlich. Denn der Unterschied, „ohne" Geld zu sein oder „frei" von Geld zu sein, ist unmittelbar einleuchtend und auf die Liebe übertragbar.

81 „Das Gesundheitsbild nach Dr. Harry Merl ist eine kreative, spielerische und leicht nachvollziehbare Methode, um sich persönliche und berufliche Ziele klar vor Augen zu führen und Wege zu entdecken, auf denen sie erreichbar sind. Wie eine Landkarte der Seele zeigt das Gesundheitsbild Barrieren und Möglichkeiten und macht den leichtesten Zugang zum Ziel erkennbar. Ohne zu bedrängen, eröffnet es überraschende Einsichten, erleichtert von den ‚do's and don'ts' der Ratgeberliteratur und macht Lust und Mut, Konflikte zu lösen und sich auf den eigenen Weg zu Gesundheit, Wohlbefinden, Erfolg und Lebensfreude zu machen." Vgl. http://www.gesundheitsbild.de, zuletzt aufgerufen am 01. 09. 2022.

82 Jürgen Ziemer verweist auf den Charakter des Teilens in der helfenden Beziehung: „Helfen sollte nicht nur herrschen sein, so unvermeidlich es das immer auch ist, es sollte zugleich teilen sein: Wissen, Fähigkeiten teilen, damit der Hilfsbedürftige zunehmend seine Macht zurückgewinnt und wieder handlungsfähig wird." Ziemer: In Freiheit helfen, S. 9.

83 Ziemer: In Freiheit helfen, S. 10.

84 Dies kommt etwa in Joh 6 besonders gut zum Ausdruck. Hier widersteht Jesus der Versuchung, sich zum „Brotkönig" machen zu lassen und als solcher Brot zu verteilen. Vielmehr geht es ihm darum, Brot des Lebens zu sein. Ähnlich verhält er sich in der Abwehr der ersten Versuchung in der Versuchungsgeschichte. Lk 4,3ff.

Literaturverzeichnis

Bibelzitate sind entnommen aus: Lutherbibel, revidierter Text 1984, durchgesehene Ausgabe, Deutsche Bibelgesellschaft, Stuttgart 1999.

Adler, Alfred: Menschenkenntnis, Frankfurt am Main/Hamburg 1966.

Adler, Alfred: Wozu leben wir?, Frankfurt am Main 1979.

Bach, Ulrich: Boden unter den Füßen hat keiner. Plädoyer für eine solidarische Diakonie, Göttingen 1980.

Bauer, Joachim: Prinzip Menschlichkeit. Warum wir von Natur aus kooperieren, München [8]2014.

Bauer, Joachim: Warum ich fühle, was du fühlst: Intuitive Kommunikation und das Geheimnis der Spiegelneurone, München [6]2007.

Bauer, Walter: Griechisch-Deutsches Wörterbuch zu den Schriften des Neuen Testaments und der übrigen urchristlichen Literatur, Berlin [5]1958.

Bonhoeffer, Dietrich: Brevier, München [7]1991.

Bovon, François: Das Evangelium nach Lukas Bd. 2. Lk 9,51–14,35 [EKK 3/2], Zürich/Düsseldorf 1996.

Campbell, Alaster V.: Nächstenliebe mit Maß: Helferberufe – christlich gesehen, Deutsche Ausgabe, Göttingen 1988.

Domin, Hilde: Gesammelte Gedichte, Frankfurt [5]1987.

Dreikurs, Rudolf: Grundbegriffe der Individualpsychologie, Stuttgart [6]1990.

Drewermann, Eugen: Das Lukasevangelium Band 1. Bilder erinnerter Zukunft: Lk 1,1–12,1, Düsseldorf 2009.

Elliger, Karl: Das Buch der zwölf kleinen Propheten II. Die Propheten Nahum, Habakuk, Zephanja, Haggai, Sacharja, Maleachi (ATD 25), Göttingen [8]1982.

Fichtner, Johannes: Art. plesion (nahebei) B. plesion in der Septuaginta und der ‚Nächste' im Alten Testament, in: ThWNT VI (1959), 310–314.

Fuchs, Ottmar: Religiös motivierte Lebenshilfe in interreligiösen und interkulturellen Kontext, in: WzM 66 (2014), 202–217.

Hausmann, Clemens: Handbuch Notfallpsychologie und Traumabewältigung. Grundlagen, Interventionen, Versorgungsstandards, Wien 2003.

Huizing, Klaas: Scham und Ehre. Eine theologische Ethik, Gütersloh 2016.

Kessler, Rainer: Der Weg zum Leben. Ethik des Alten Testaments, Gütersloh 2017.

Körtner, Ulrich H. J.: Ethik im Krankenhaus. Diakonie-Seelsorge-Medizin, Göttingen 2007.

Lieben, Christl: Die Liebe kommt aus dem Nichts. Wenn sie uns berührt, nehmen wir Gestalt an, Berlin/München 2014.

Luther, Henning: Leben als Fragment. Der Mythos von der Ganzheit, in: WzM 43 (1991), S. 262–273.

Luther, Henning: Alltagssorge und Seelsorge: Zur Kritik am Defizitmodell des Helfens, in: WzM, 38 (1986), S. 2–17.

J. Müller-Lange, Joachim (Hg): Handbuch Notfallseelsorge, Edewecht 2001.

Reichl, René (Hg): Beratung, Psychotherapie, Supervision. Einführung in die psychosoziale Beratungslandschaft, Wien 2005.

Riemann, Fritz: Grundformen der Angst, München ⁴¹2013.

Rüegger, Heinz/Sigrist, Christoph: Diakonie – eine Einführung. Zur theologischen Begründung helfenden Handelns, Zürich 2011.

Schibilsky, Michael: Ethik der Menschenwürde. Das Menschenbild in der Diakonie – gegenwärtige Herausforderungen, in: Schibilsky, Michael (Hg): Kursbuch Diakonie, Neukirchen-Vluyn 1991, S. 209–227.

Scobel, Walter Andreas: Was ist Supervision?, Göttingen ⁴1997.

Schmidbauer, Wolfgang: Die hilflosen Helfer. Über die seelische Problematik der helfenden Berufe, Reinbek bei Hamburg 1977.

Schmidbauer, Wolfgang: Helfen als Beruf. Die Ware Nächstenliebe, Reinbek bei Hamburg 1983.

Sigrist, Christoph/Rüegger, Heinz (Hg): Helfendes Handeln im Spannungsfeld theologischer Begründungsansätze, Zürich 2014.

Söding, Thomas: Nächstenliebe. Gottesgebot als Verheißung und Anspruch, Freiburg im Breisgau 2015.

Stollberg, Dietrich: Helfen heißt herrschen. Zum Verhältnis von Theologie und Psychologie, in: PTh 77 (1988), S. 473–484.

Theißen, Gerd: Universales Hilfsethos im Neuen Testament? Mt 25,31–46 und Lk 10,25–37 und das christliche Verständnis des Helfens, in: Glaube und Lernen, 15 (2000), S. 22–37.

Theißen, Gerd: Die Bibel diakonisch lesen. Die Legitimitätskrise des Helfens und der barmherzige Samariter, in: Schäfer, Gerhard K./Strohm, Theodor (Hg), Diakonie – biblische Grundlagen und Orientierungen. Ein Arbeitsbuch zur theologischen Verständigung über den diakonischen Auftrag, Heidelberg 1990, S. 376–401.

Von Schlippe, Arist/Schweitzer, Jochen: Lehrbuch der systemischen Therapie und Beratung Band I. Das Grundlagenwissen, Göttingen ²2013.

Stanislawski, Konstantin Sergejewitsch: Die Arbeit des Schauspielers an sich selbst. Tagebuch eines Schülers. Band 1, Berlin ⁶2002.

Ziemer, Jürgen: In Freiheit helfen. Zur psychologischen und theologischen Problematik der helfenden Berufe, in: ZdZ 44 (1990), S. 6–11.

Führen mit mehr Leichtigkeit

Magdalena M. Holztrattner
Einfach gut führen
Ein kompakter Leitfaden

192 Seiten, zweifärbig mit 15
Grafiken, Klappenbroschur
ISBN 978-3-7022-4017-2

Dieses Buch richtet sich an die untere und mittlere Führungs-
ebene, an Personen, die z. B. eine Pflegestation oder Supermarkt-
filiale leiten bzw. an jene, die überlegen, eine solche Aufgabe zu
übernehmen. Die Autorin coacht seit vielen Jahren Führungskräfte
und gibt in diesem Buch konkrete Anleitungen für eine gute
Führungsbalance. Dabei macht ihr in der katholischen Soziallehre
verankertes Wertesystem deutlich, dass der Mensch im Zentrum
von Führung steht. Sie ermutigt vor allem Frauen dazu, Führungs-
positionen zu bekleiden.

Aufstehen und Weitergehen

2. Auflage

**Marianne Hengl
Brigitte Gogl
Stehaufmenschen**
**Geschichten,
die Mut machen**

144 Seiten, 85 farb.
u. 4 sw. Abb., gebunden
ISBN 978-3-7022-3865-0

Niemand hat sein Leben in der Hand. Unfälle, Krankheit, Probleme am Arbeitsplatz oder Schicksalsschläge in der Familie können das Leben von einem Moment auf den anderen auf den Kopf stellen. Was tun? „Das Wichtigste ist, sich nicht unterkriegen zu lassen, sich wieder aufzurappeln und weiterzukämpfen", sagt Marianne Hengl, Obfrau von RollOn Austria. Gemeinam mit ORF-Radio-Tirol-Moderator Rainer Perle interviewt sie „Stehaufmenschen" für die ORF-Radio-Sendung, die besondere Herausforderungen gemeistert haben und wieder oder trotzdem ein glückliches Leben führen.

Der Autor

MARKUS FELLINGER, MTh, DSA, geb. 1962, ist Theologe und Pfarrer. Er leitet die evangelische Gefängnisseelsorge in Niederösterreich und ist Sprecher der evangelischen Seelsorge Österreichs. Der diplomierte Sozialarbeiter hat langjährige Erfahrung in systemischer Beratung und als Supervisor in unterschiedlichen Non-Profit-Bereichen.